VENCEDORA

Ganando la Batalla Contra la Depresión,
el Temor y la Ansiedad

VENCEDORA

Ganando la Batalla Contra la Depresión, el Temor y la Ansiedad

Mariam J. Delgado

©2022 MARIAM J. DELGADO
Miami, Florida

Edición: Alpha & Omega Church
Diseño de cubierta: Kimberly Cardona
Diseño interior: Kimberly Cardona

ISBN: 978-0-9963171-2-2
Categoría: Sanidad Interior

Impreso en Estados Unidos de América
Printed in the United States of America

CONTENIDO

DEDICATORIA

Dedico este libro a mi esposo y complemento perfecto,
Alberto. A nuestros hijos Veronica y Alberto Jr.
y a nuestros nietos Havana, Alejandro, Amelie,
Lucia y Amarah.

Los amo.

AGRADECIMIENTOS

Quiero agradecer primeramente a Dios por permitirme escribir este libro y ser usada como instrumento para ayudar a las personas a vencer la depresión y cumplir con su propósito en la vida.

Gracias a mi equipo de trabajo, por ayudar a que este libro fuera posible, cada uno de ustedes han sembrado en este proyecto y en las vidas de quienes serán bendecidos por el.

Y por último a mi querido esposo quien siempre me ha apoyado en cada proyecto y sueño que Dios ha plasmado en mi corazón. Por ser mi maestro, mi pastor y mi mejor amigo. ¡Gracias por ser el mejor esposo, padre y abuelo, te honro y te amo!

INTRODUCCIÓN

A través de los años sirviendo al Señor, he visto cómo el enemigo ataca a hombres, mujeres, adolescentes e incluso a niños con la enfermedad de la depresión mental.

Estudios demuestran que en Estados Unidos cada año aumenta de manera alarmante las cifras de personas diagnosticadas con este padecimiento. Quizás puede ser igual o peor en otros países. Este mal es uno de los problemas de salud de mayor crecimiento en número de personas en todo el mundo. No es el cáncer como algunos piensan, ni, tampoco es la diabetes, ni las enfermedades del corazón ni tan siquiera el SIDA. La enfermedad, como se le llama, que más ataca a humanos en Estados Unidos y al mundo completo se llama la depresión mental.

En este momento, de acuerdo con las estadísticas, 35 millones de personas en Norteamérica están siendo atacadas por esta patología y aunque hay varios niveles de este tipo de trastorno, cada año son más y más los casos que aparecen especialmente por una profunda y horrible depresión paralizante.
Este nivel de depresión detiene totalmente a la persona,

lo sienta en una silla y lo inmoviliza; lo tira en una cama, no quiere bañarse, no quiere hablar con nadie, no quiere pararse, no le importa nada; por eso le llaman depresión paralizante porque te entorpece, te hace casi inmóvil, pierdes el deseo de todo y claramente aparecen deseos de que tu vida cese. Los pensamientos destructivos estarán todo el tiempo preparados para atacar.

Hay personas que simplemente comienzan la depresión sintiéndose desanimados, caídos, sin querer hablar con mucha gente, apartándose un poco, tienen la mirada fija en cierto lugar y eso es todo.

Nada comienza en la vida ni grande ni profundo, todo comienza pequeño, superficial y luego se desarrolla. Así actúa también la depresión, con pequeños detalles que a veces no les prestamos mucha atención y desafortunadamente por esta causa muchas personas terminan acabando con sus vidas. Esa es la proyección de la depresión, desanimarte totalmente hasta el punto que no quieras vivir.

Quizás, si tú estás leyendo este libro has pasado por esto, quizás conoces a alguien que está pasando por algo semejante o que en momentos estás viviendo un ataque de depresión.

Tenemos que saber cómo el enemigo ataca y como tomar autoridad sobre nuestras vidas, cómo tenemos que atacar y cómo avanzar antes que nos sorprenda con pensamientos depresivos.

Dios Todo Poderoso tiene grandes planes para nosotros, sus planes son de bien y no de mal. La palabra de Dios nos enseña:

> *"Mis planes para ustedes solamente yo los sé, y no son para su mal, sino para su bien. Voy a darles un futuro lleno de bienestar." (Jeremías 29:11 TLA)*

Debemos tener presente que el diablo vino a matar, robar y destruir; destruir nuestro futuro, traernos temor, tristeza, desasosiego, y depresión; pero en Jesús tenemos vida y vida en abundancia. ¡Hay libertad en Jesús!

> *"El ladrón no viene sino para hurtar y matar y destruir; yo he venido para que tengan vida, y para que la tengan en abundancia." (Juan 10:10 RVR60)*

La ciencia médica continúa sus estudios y no hay dudas de eso. Ésta busca proveer uno o más tratamientos efectivos contra la depresión, pero cuando a Jesucristo o la Palabra de Dios lo dejan fuera de la investigación no funcionarán las cosas sin importar hasta dónde la ciencia trate. Quiero decirte que no estoy yendo en contra de la ciencia, creo que es importante en ciertos casos ver a un psicólogo, que con su ayuda puedas identificar ciertas situaciones, y si tú estás en una problemática extrema, quizás en parte estás pasando por una depresión paralizante, necesitas que el psiquiatra te trate con profesionalismo y prudencia según sea el caso; pero lo que quiero que comprendas es que cuando Cristo y La Palabra de Dios se dejan por fuera de una situación o enfermedad como esta, nunca van a llegar a curar este trastorno, porque la raíz del trastorno de esta enfermedad tiene una base espiritual muy grande.

Entiendo que hay momentos en que una evaluación clinica por un medico profesional es requerido y siempre es bueno tenerlo como opción. A veces, hay ocasiones en las cuales lo que se está tratando es algo espiritual, la cual no se puede tartar con medicinas tradicionales sino con armas espirituales como vemos en la Biblia:

"Porque las armas de nuestra milicia no son carnales, sino poderosas en Dios para la destrucción de fortalezas, derribando argumentos y toda altivez que se levanta contra el conocimiento de Dios, y llevando cautivo todo pensamiento a la obediencia a Cristo,"
(2 Corintios 10:4-5 RVR60)

La depresión es una de las armas más potentes de satanás. La depresión te ata, te neutraliza, te paraliza, y no permite que entres en el futuro que Dios tiene para ti.

Tú que lees este libro, quiero decirte de parte de Dios que hay libertad en Jesús, Él murió y padeció en una cruz por ti y por mí, y la sangre preciosa que derramo en la cruz del calvario tiene poder para limpiarte, sanarte y hacerte libre de toda depresión.

Así que me uno contigo a creer que mientras avanzas más y más en cada palabra de este escrito, el Poder y la Unción del Espíritu Santo de Dios vendrá sobre ti trayendo libertad y revelación de Su Palabra a tu vida en el poderoso nombre de Jesús.

ORACIÓN DE SALVACIÓN

Si tú ya has recibido a Jesús el hijo de Dios como tu Señor y Salvador personal, este libro es una herramienta de liberación en tus manos. Pero si tú no conoces a Cristo tienes que dejar que entre a tu corazón, debes permitir que Él habite en ti.

El apóstol Juan dijo: *"mayor es el que vive en mí que el que vive en el mundo"* (1 Juan 4:4). Él sabía que no puede pasar nada que pueda alterar lo que Cristo tiene y ha hecho por nosotros, pero para tu tener las cosas de Él, Él tiene que estar en ti. Por eso el apóstol Juan con tanta seguridad dice: *"mayor es el que está en mí que el que está en el mundo"* (1 Juan 4:4). Nada puede pasar que pueda destruirte, que pueda deprimirte, que pueda acabar contigo, porque mayor es el que está en ti. Debes verdaderamente rendir tu vida a Jesús y permitir que habite en ti.

Todo el mundo dice "Yo creo en Cristo", pero el creer Bíblico es rendirse al que tú dices que crees. Si tú realmente crees que Cristo es Dios hecho hombre, y crees que Cristo muere en la cruz del calvario por tus pecados, que es tu substituto y que Él pagó tu deuda, si Él dice que quiere venir a vivir en tu corazón entonces tú tienes que rendirte a Él para que entre a tu vida. El no hacer eso y seguir caminando a tu manera hace que Cristo no tenga efecto, porque para que tenga efecto tiene que estar en ti. Mayor es el que está en ti que el que está en el mundo. Pase lo que pase no temerás, pase lo que pase sabes en quién has creído y sabes a quién has recibido. Así que un Cristo que tú simplemente creas no es suficiente, tienes que aceptarlo como Señor y Salvador de tu vida, tienes que hacerlo Señor de tu vida, capitán, gobernador de tu vida que señoree sobre ti y hoy es tu día si no has hecho esto nunca.

Si aún dices que crees en Dios, pero no lo has confesado y recibido en tu vida como tu Señor y Salvador, la palabra nos enseña lo siguiente:

"Que si confesares con tu boca que Jesús es el Señor, y creyeres en tu corazón que Dios le levantó de los muertos, serás salvo.10 Porque con el corazón se cree para justicia, pero con la boca se confiesa para salvación." (Romanos 10:9-10 RVLR 1960)

Así que te invito a hacer la siguiente oración para que hoy tú seas salva, Jesucristo entre a tu vida y el plan que Él tiene para ti comience.

REPITE ESTA ORACIÓN EN VOZ ALTA

*"Padre Celestial vengo ante tu presencia
como pecador(a) arrepentido(a), imploro misericordia,
sé que me escuchas y me respondes.
Jesús hoy te recibo en mi corazón como Señor
y Salvador de mi vida, me arrepiento de todos los
pecados que cometí, confieso que eres el hijo de Dios,
que moriste en una cruz para pagar por todos mis
pecados y que resucitaste al tercer día de entre los
muertos, hazme una nueva persona
y lléname de tu Espíritu Santo para siempre.
Nazco de nuevo, salvo(a) soy. De ahora en adelante,
solo a ti seguiré y serviré, en tu nombre poderoso Jesús,
¡AMÉN!"*

CAPÍTULO 1

CUIDA LO QUE VES, HABLAS Y ESCUCHAS

Todo ser humano vive diferentes situaciones que influyen en la vida emocional y estas situaciones o circunstancias pueden llevar a mover los sentimientos, sea para bien o para mal. La depresión por ejemplo, es una de las cosas que vienen por causa de agentes externos que permitimos al verlas, hablarlas u oírlas.

Dios inventó la música, podemos ser ministrados a través de ella, pero es muy importante el tipo de música que escuchamos, por ejemplo: si te sientes deprimido/a y pones música depresiva, el próximo paso es abrirte camino al desánimo, tristeza y a la apatía por la vida.

El diablo vino a matar, robar y destruir, destruir nuestros sueños, familias, hogares y nuestras vidas, nos engaña y nos hace creer que hay cierto gozo en el sufrimiento, pero no es cierto. La depresión es una fuerza de maldad que ata a la persona, en otras palabras son demonios que vienen a afligir, entristecer y a traer desesperanza.

Hay situaciones y/o circunstancias que enfrentaremos a lo largo de nuestra vida que pueden traer desencantamiento., desilusión, tristeza, aflicción, desasosiego, ansiedad e inclusive falta de perdón, haciendo en nosotros una raíz de amargura. En ocasiones, nos desilusionan los hijos, el esposo/a, empleados, compañeros de trabajo y más aún familiares cercanos; personas que quizás ayudamos, personas a quienes le hemos dado una mano. Desafortunadamente aquellos que más cerca están a nosotros pueden ofendernos, rechazarnos, y algunas veces causar una gran herida.

Siempre va a haber espacio para que opere la desilusión, esto es inevitable, y esa desilusión llega a producir tristeza y desánimo donde al final termina en depresión.

La depresión es un constante dolor interno, que puede terminar en el no deseo a vivir. El diablo quiere robarnos el gozo, robarnos la felicidad para así deprimirnos y destruirnos.

Una persona deprimida le cuesta avanzar en cualquier aspecto porque se le cierra la mente. Una persona deprimida se llena de una gran tristeza y esta podemos llamarla tristeza espiritual. Muchas veces cuesta hasta respirar. Todo esto es un desarrollo de pequeñas, medianas y grandes desilusiones que no fueron sanadas en nuestras vidas.

Usualmente, las desilusiones vienen de situaciones frustrantes. A veces estás esperando algo, pero lo que obtienes es totalmente contrario a lo esperado, a lo que tú crees que debe pasar, o lo que tú crees que mereces.

Como decía anteriormente, las desilusiones vienen quizás de personas cercanas que más amamos. Mientras más ames a la persona, la desilusión es más profunda. El ver la poca consideración de un esposo, el ver el poco sometimiento de una esposa, el ver la poca sensibilidad de un hijo, o ver el descaro de personas que tú has ayudado y que ahora hablan de ti por la espalda, entonces esto desilusiona. Si no mantenemos nuestro corazón enfocado en Jesucristo, inmediatamente encontraremos un desarrollo de tristeza hacia la depresión, lo cual trae oscuridad a tu vida, bloquea toda esperanza y si no hay esperanza no hay fe.

Es muy importante lo que nos dice la palabra de Dios a través del Apóstol Pablo:

> *"Hermanos, yo mismo no pretendo haberlo ya alcanzado; pero una cosa hago: olvidando ciertamente lo que queda atrás, y extendiéndome a lo que está delante."*
> *(Filipenses 3:13)*

Sigue hacia adelante, pon tus ojos en Jesús y sigue a la meta.

Es muy importante aprender a perdonar, mirar hacia adelante y olvidar lo que queda atrás. Las desilusiones siempre vendrán; pero caminando de la mano con Jesús y enfocado/a en Él, tendrás las fuerzas y la valentía para continuar. Tienes que olvidarte de lo que queda atrás, olvidarte de lo que te ha desilusionado, lo que te ha decepcionado, mantente enfocado en Dios, porque la meta tuya es CRISTO y lo que Él te ofrece.

Lo que Cristo te ofrece es mejor que la desilusión que estás pasando, lo que estás atravesando en este momento o que quizás puedas enfrentar. La desilusión viene a entristecerte, y a llevarte a un punto de depresión en el cual no hay esperanza. Donde no hay esperanza se pierde el deseo de continuar hacia la meta. La única manera que puedes continuar hacia la meta es extendiéndote a lo que está adelante, pero para extenderte hacia lo que está adelante, tienes que olvidarte de lo que queda atrás. En otras palabras, tienes que olvidarte de la violencia de tu esposo/a, tienes que olvidarte de lo que te hizo tu hijo/a, tienes que olvidarte de lo que te hizo tu hermano/a, tienes que olvidarte como tu madre, o tu padre te dejó y te abandonaron, tienes que olvidarte de los insultos de tu amigo, etc. Tienes que olvidarte de todo esto y decir pasó, me ocurrió, me ha dolido, me ha decepcionado, pero yo no voy a permitir deprimirme porque hay una meta que voy a alcanzar, porque Dios tiene algo mejor para mí, y entonces te levantas con las fuerzas de Dios y te sacudes de ese espíritu depresivo.

Cada vez que hay una desilusión ese espíritu se mueve como si fuera una trompeta que sonara, sabe que hay alguien desilusionado y entristecido e inmediatamente empieza a acercarse.

¿Entonces qué haces? ¿Hay que correr? ¡No! Lo que tienes que hacer es pararte firme y mantenerte enfocado/a en Jesucristo, en la Sangre de aquel que te salvó y te limpió.

La palabra de Dios nos enseña:

> *"La muerte y la vida están en poder de la lengua, Y el que la ama comerá de sus frutos."* (Proverbios 18:21 RVR60)

Así que levántate con las fuerzas de Dios a declarar con tu boca vida, victoria y libertad en el nombre de Jesús. No es fácil declarar victoria cuando no aparenta verla. No es fácil declarar lo que no está pasando, pero la Biblia nos enseña a llamar las cosas que no son como si fuesen.

Es difícil declarar victoria cuando en determinado momento no la estás experimentando en el campo natural. Es aquí cuando debes ser esforzado/a y valiente en las fuerzas de Dios y comenzar a hablar y a declarar lo que Dios dice. Si hablas, declaras y piensas lo que te está rodeando, te amarras, te atas a lo que está sucediendo y vas a alimentar lo que el enemigo quiere para tu vida, verte derrotado/a, entristecido y sin esperanza. Pero, aunque esa situación te encare, si tú empiezas a declarar lo que Dios dice, a hablar la palabra de Dios, las promesas de Dios ¡La situación tiene que cambiar! ¿Por qué? Porque Dios es mucho más grande que la depresión. Jesús venció en la cruz.

Ese espíritu tratará de acercarse, pero no puede alojarse, no puede amarrarte, no puede atarte con su depresión, no puede tampoco robarte tu gozo, ni tu ilusión mientras tú te mantengas esperanzado y con los ojos en Jesús. Mucha gente cae en depresiones por diferentes circunstancias y áreas, por ejemplo: soledad, divorcio, pérdida de un ser querido, situaciones con hijos rebeldes, situaciones financieras, o simplemente porque las cosas no salieron a la manera que lo pensamos. Hoy quiero decirte de parte de Dios que El Todo Poderoso tiene el poder y autoridad para quebrantar y romper toda depresión en tu vida y el diablo lo sabe, por eso tratará de hundirte más y más en los recuerdos, tristezas y desasosiegos. Pero tú que eres una hija de Dios debes levantarte y enterrar todo pasado, enterrar frustraciones, todo y tipo de fracasos. Cualquier área debe ser enterrada y no traerla más a memoria.

"No os acordéis de las cosas pasadas, ni traigáis a memoria las cosas antiguas.19 He aquí que yo hago cosa nueva; pronto saldrá a luz; ¿no la conoceréis? Otra vez abriré camino en el desierto, y ríos en la soledad."
(Isaías 43:18-19 RVR60)

La persona fracasada no es la persona que se equivoca, la persona fracasada es la persona que después de fallar no continúa intentando, no persevera, sino que simplemente se rinde.

¿Y qué es el fracaso? El fracaso es rendirse, paralizarte al punto que querer quedarse en la derrota. Luego con el tiempo a causa del fracaso llega la depresión, y la depresión a su vez viene acompañada de un espíritu de temor, que te paraliza, no te permite avanzar y no te permite creer.

Nadie que ha hecho algo grande en la vida lo ha hecho a la primera vez. Debemos ser constantes. Estamos llamados a ser esforzados y valientes, a ser firmes y persistentes. Siempre creyendo y confiados que Jesús está con nosotros, porque así lo ha prometido en su Palabra a quienes le hemos entregado el corazón.

"Y he aquí yo estoy con vosotros todos los días, hasta el fin del mundo. Amén." (Mateo 28:20 RVR60)

También es importante creer en nuestro corazón y declarar en voz alta esta poderosa promesa para nosotros de parte de Dios:

"Hijitos, vosotros sois de Dios, y los habéis vencido; porque mayor es el que está en vosotros, que el que está en el mundo."
(1 Juan 4:4 RVR60).

Mayor es el que está en nosotros que la tristeza, que la frustración, que la ansiedad y que la depresión. Jesucristo es mayor. Ya venció por nosotros. La palabra de Dios dice que toda acta de decretos, toda depresión fue clavada en la cruz del calvario. Tenemos libertad en Jesús, Él venció y triunfó por nosotros.

"Él anuló el acta con los cargos que había contra nosotros y la eliminó clavándola en la cruz. De esa manera, desarmó[a] a los gobernantes y a las autoridades espirituales. Los avergonzó públicamente con su victoria sobre ellos en la cruz."
(Colosenses 2:14-15 NTV)

¿Estás vivo? Pues hay esperanza. Si tienes vida, ¡Aún hay Esperanza! Dice la Escritura: *"Diga el débil fuerte soy" (Joel*

3:10b) y también dice: *"Todo lo puedo en Cristo que me fortalece" (Filip. 4:13).* Si estás en depresión debes volver a poner tus ojos en Jesús y declarar lo que la Biblia establece y dice en los versículos anteriores. Declarar lo que no está en el momento sucediendo en tu vida, pero lo dice la palabra para tu vida.

Hay debilidad, pero ese no es el corazón de Dios para ti ni su deseo, por lo tanto, vas a esforzarte a decir lo que no está pasando y quieres que pase, y el deseo de Dios va a tomar lugar.

Hay otra porción Bíblica que es impactante, la encontramos en Isaías 43:16. Es impresionante cómo empieza a hablar el Señor a nuestras vidas, de tal manera, dejándonos claro quien es Él y cuál es su poder. Él te lo quiere recordar:

"Yo soy el Señor que abre camino por medio de las aguas, que construye un sendero a través del mar. Yo llamé al poderoso ejército de Egipto con todos sus carros y caballos, para dejarlos sepultados bajo las ondas, muertos, acalladas sus vidas como llama de vela. Pero olvídense de todo esto: ¡eso no es nada comparado con lo que voy a hacer! Voy a realizar algo enteramente nuevo. ¡Miren, ya he comenzado! ¿No lo ven? Abriré camino a través del desierto del mundo para que mi pueblo vuelva a su patria, y para ellos crearé ríos en el desierto."
(Isaías 43: 16-19 NBV)

Cree en la Palabra del Dios viviente, ¡Esto es lo que Dios dice, El Dios Poderoso! El cual hace los cambios que haya que hacer para que Su deseo sea logrado. Abre camino en el mar, derrumba los ejércitos, los apaga; a los caballos de los ejércitos los destruye, es el Dios que dice:

"Oye, no mires hacia atrás. Mira hacia adelante, no te acuerdes de tus derrotas, de tus frustraciones, de tus desencantos, de tus desilusiones. YO hago cosa nueva para ti, porque YO por ti he muerto en una cruz y resucité para que tuvieras victoria".

No hay posibilidad de no ganar, la única manera que pierdes es si NO te aferras a la verdad de la palabra, y por el contrario te aferras a tus pensamientos permites que el enemigo te invada más y más cada día, observando los errores y faltas de los humanos, lo que se hizo y lo que se dejó de hacer; entonces perderás la verdad de lo que Dios te está revelando a tu vida al leer este libro. Hay cosa nueva para ti; en Cristo Jesús todo es nuevo, pero recuerda, el diablo no quiere que alcances lo que Dios tiene para ti. Cuida lo que escuchas, lo que ves y lo que hablas. Toma la decisión de escuchar la voz de Dios, lo que Él ha dicho de ti y lo que ha establecido para ti. Toma la decisión de hablar y declarar su palabra para tu vida, tu casa y tu familia, su palabra es vida, es fiel y verdadera; toma la decisión de mirar y poner tus ojos en Jesús el autor de la Fe y verás la victoria del Señor en tu vida.

CAPÍTULO 2

DESTRUCCIÓN DE FORTALEZAS

Hay espíritus malignos que están sometiendo al mundo con fortalezas que no permiten que las personas avancen en un área determinada y someten a esclavitud al hombre, estas son llamadas "Fortalezas Espirituales", las cuales van en contra de la palabra de Dios y están en todas partes en nuestra vida. Cuando testificas personalmente lo que la palabra de Dios dice, lo que la Sangre de Jesús hace por ti, vences a satanás y todo esto que se ha querido levantar contra nosotros es derribado con las armas espirituales poderosas en Dios.

Comúnmente las Fortalezas Espirituales están en la mente manifestándose como argumentos filosóficos, razonamientos y esquemas de este mundo; altivez, orgullo centrado en el hombre como un dios seguro de sí mismo y lleno de arrogancia y mentiras egocéntricas o de temor. Un creyente puede estar muy seguro con su armadura espiritual tratando de conquistar las promesas de Dios, pero pronto encuentra obstáculos que fueron levantados por el enemigo con guarniciones fuertemente fortificadas para resistir la verdad y para frustrar el plan de redención de Dios. Allí se encuentra la fortaleza del razonamiento humano, reforzada con muchos argumentos sutiles y la pretensión de la lógica, el placer y la avaricia. Es este orgullo el que se introduce en el corazón humano, se entroniza y se deleita en pensamientos de su propia excelencia y suficiencia, lo que llamamos "Fortaleza Espiritual", donde el adversario está arraigado presentando murallas de resistencia a la verdad.

Las fortalezas impiden que nuestro Señor sane completamente las heridas de nuestra alma y nos libere de toda atadura.

Pero la persona que está firme en Cristo no es desalentada sino que usa las armas de elección de Dios. Debemos atacar esas fortalezas por el poder milagroso de Cristo y estos muros serán quebrantados, las construcciones del pecado y del error derribadas. El cristiano victorioso entra en las ruinas y lleva cautivo, por decirlo así, cada teoría falsa y toda filosofía humana que había afirmado una vez con orgullo su independencia de Dios.

Como hijos de Dios, estamos en una batalla espiritual con el mundo de las tinieblas los cuales ya han sido derrotados por Cristo en la cruz, pero lo que Jesús hizo en lo espiritual en el Reino de los Cielos, nosotros debemos hacerlo y traerlo a lo natural, como Él mismo decía "Venga tu Reino. Hágase tu voluntad, como en el cielo, así también en la tierra" (Mateo 6:10) y esto se hace a través de la fe en el poder del Espíritu Santo de Dios.

Satanás usa como fortaleza la depresión en la mente

humana para esclavizarla al fracaso y llevarla a la muerte, pero esto lo hace de manera muy sutil donde no podemos a veces identificarlo.

Tenemos que saber cómo el enemigo ataca y por dónde toma autoridad, debemos ser hombres y mujeres esforzados, valientes para avanzar, a ir hacia adelante y NO esperar a que venga el ataque. Hay grandes cosas para nosotros, los planes de Dios para nosotros son de bien y no de mal.

"Sé muy bien lo que tengo planeado para ustedes, dice el SEÑOR, son planes para su bienestar, no para su mal. Son planes de darles un futuro y una esperanza."
(Jeremías 29:11 PDT)

Llegan momentos en los que sencillamente no te importa nada, la depresión trata de paralizar tu vida, trata de robar tus fuerzas trayendo desánimo y desilusión, llega un momento en que ni sabes por qué vives y pierdes la visión.

Hay un sinnúmero de cristianos que han recibido a Cristo, lo conocen como su Señor y Salvador, ellos van al cielo si se mueren, pero desafortunadamente están atados y encarcelados en las garras de la depresión.

No puedes poner tu FE en el psicólogo ni en la pastilla, aunque esto pueda ayudarte. Si tienes que tomarte la pastilla tómatela, si tienes que ver al psicólogo ve al psicólogo, pero es Dios quien te va a curar y sanar, es Jesús quien murió en la cruz del calvario por ti y por mí, es Jesús quien derramó Su Sangre preciosa, el que tiene poder para limpiarnos y descontaminarnos, es Jesús quien trae medicina y libertad a nuestras vidas. No hay mejor psicólogo que Jesús mismo.

"He aquí que yo les traeré sanidad y medicina; y los curaré,
y les revelaré abundancia de paz y de verdad."
(Jeremías 33:6 RVR60)

Debes esforzarte y declarar la palabra de vida y de verdad, la palabra de Dios, Dios Todo Poderoso puede y tiene todo el poder para hacerte libre.

La FE viene por el oír, no por el haber oído. Por lo tanto, la palabra hay que seguir oyéndola una y otra vez, confesarla y creerla para tu vida.

Este libro, contiene prédicas y enseñanzas para que puedas tener herramientas acerca de este tema, pero no puedes dejar a un lado la más importante: la Biblia. Repásalos y cuando pasen unos meses míralos y escúchalos una y otra vez, encontrarás material que te va a seguir sirviendo a través del tiempo, y lo más importante estarás fortaleciendo tu espíritu y renovando tu mente con la palabra de Dios.

Estamos en una constante influencia allá afuera. El enemigo trabaja tiempo extra, y nosotros tenemos que despertar y levantarnos con la fuerza de Dios, sabiduría, discernimiento y revelación de Su Palabra, de Su sangre, revelación de Su nombre, ese nombre que está por encima de todo nombre, el Espíritu de Dios traerá libertad a tu vida en el poderoso nombre de Jesús.

La depresión es un arma fácil para el enemigo y la utiliza en nosotros porque él no quiere que lleguemos a lo que Dios tiene para nosotros, no solo porque nos odia, sino que no quiere que alcancemos la victoria en Jesús, Satanás no quiere que seas ejemplo ni testimonio para nadie. El enemigo quiere que la gente te vea como un cristiano derrotado, esclavo del temor y la depresión.

Levántate, con la fuerza de Dios, con el poder del Espíritu Santo y la autoridad del nombre de Jesús. Recuerda:

"Pues, aunque andamos en la carne, no militamos según la carne; porque las armas de nuestra milicia no son carnales, sino poderosas en Dios para la destrucción de fortalezas, derribando argumentos y toda altivez que se levanta contra el conocimiento de Dios, y llevando cautivo todo pensamiento a la obediencia a Cristo."
(2 Corintios: 10:3 RVR60)

Pues, aunque andamos en la carne, no militamos en la carne. En otras palabras, estamos en un mundo natural y aunque todo lo que nos rodea es natural, no debemos actuar y enfrentarnos según este mundo, debemos armarnos de las armas espirituales. Como nos enseña la palabra "porque las armas de nuestra milicia no son carnales". LAS ARMAS que tenemos para hacer guerra no son de un modo natural, "sino Poderosas en Dios para la destrucción de fortalezas".

Nuestras armas son poderosas en Cristo Jesús para derribar fortalezas. La depresión es una fortaleza satánica, es un poder de las tinieblas que viene contra ti y esta fuerza infernal es imposible que pueda ser destruida con una pastilla. ¡Tiene que ser en el Espíritu de Dios! Tiene que ser con las armas que te ha dado Dios. ¡Hay armas espirituales y en Cristo y tú tienes un armamento!

Entonces tú dirás: "bueno, Pero si yo tengo a Cristo en mi corazón ¿por qué estoy deprimido y por qué se me desarrolla esta depresión?". Bueno, porque tú tienes un Cristo que si te mueres te lleva al cielo, pero no comprendes el armamento que Dios te ha dado. Cuando recibimos a Cristo no solo lo debemos recibir como Salvador sino también como Señor. La salvación es que si tú te mueres vas al cielo, pero cuando haces a Jesús como tu Señor es que ahora eres gobernado bajo sus leyes y sus mandatos, tu mente, cuerpo, alma y espíritu se sujetan a su voluntad y Su Palabra, somos hacedores y no tan solo oidores de ella. Cuando Jesús es nuestro Señor, le obedecemos en cada cosa que nos dice y tenemos autoridad en su nombre para que nuestra vida entera se sujete a su señorío y como está escrito todo nos saldrá bien:

"Nunca se apartará de tu boca este libro de la ley, sino que de día y de noche meditarás en él, para que guardes y hagas conforme a todo lo que en él está escrito; porque entonces harás prosperar tu camino, y todo te saldrá bien."
(Josué 1:8 NBV)

En el momento que aceptaste a Cristo como tu Señor te hiciste parte de su reino. Eres un guerrero apto para sus armas.

Estamos en una guerra constante en el mundo espiritual, pero tú no puedes ir a esta guerra sin un armamento, y tienes que entender que no solo tienes que ir con armamento; sino que debes saber cómo usarlo.

Tienes que aprender que Dios te ha dado armas, puedes usar armas externas como la ciencia, pero la Bíblia dice que la única manera de destruir esas fortalezas son con armas poderosas que ya Él te ha dado. ¿Cuándo te las dio? Cuando recibiste a Jesucristo como tu Señor. El sacrificio de la cruz fue suficiente para otorgarnos una posición de victoria en todas las áreas de nuestras vidas.

Si le has entregado tu corazón a Cristo, la victoria de su resurrección está sobre ti. Si tú te has rendido a Jesucristo no solamente creído sino también le has rendido tu voluntad para que Él dirija tu vida, entonces la victoria de su resurrección no solo afecta tu alma sino también tu mente, tu carne física, tus huesos, todo lo que está a tu alrededor y además afecta positivamente tu presente y tu futuro.

Ya tú no puedes caminar como antes; cuando vengan ciertos síntomas, situaciones, desánimos o desilusiones, lo primero que tienes que reconocer y declarar es que Cristo está en ti y la victoria de su resurrección está en ti. Jesús venció en la tumba, esa victoria Él te la dio cuando tomaste la decisión de recibirlo en tu corazón. La sabiduría de Cristo está en ti.

Tienes que reconocer los síntomas antes de que se conviertan en señales. En otras palabras, tienes que reconocer lo que el enemigo hace, Dios te va a dar la sabiduría, la sensibilidad y el discernimiento para que tú puedas ver que hay preparación de ataque contra ti para llevarte a un desánimo el cual eventualmente abrirá puertas para la depresión.

SÍNTOMAS Y SEÑALES

Los síntomas en realidad solamente tú los puedes sentir y conocer, las señales las sabe todo el mundo. Su nombre lo indica señales, señas.

Los síntomas los sabes tú, nadie más; tú vas al médico y te sientas delante de él y te pregunta: "¿Qué tal, cómo está?, ¿En qué puedo ayudarle?, ¿Qué le sucede?", porque el médico no sabe ni siente lo que tú sientes. Entonces tú le dices: "Tengo un tremendo dolor de espalda", ese es un síntoma. El médico no ve, así que no sabe por qué tú llegaste y te sentaste ahí, entonces él dice: "¿Dónde le duele?" y sigue indagando para que tú puedas decirle que más síntomas tienes de esa situación.

Ahora, si llegas al médico gritando, con un terrible dolor físico y con tu mano en la espalda agarrándote, el médico inmediatamente podrá observar la señal que te estás agarrando la espalda por el terrible dolor, las señales se pueden ver.

Cuando sientas que estás pasando por estas emociones y los sintomas parecen abarcar todo, recuerda que no estás solo, hay un Dios que también conoce y entiende como tú te sientes. Por medio del poder y la fuerza que tenemos en Dios, podemos pedirle que nos ayude a reconocer cuando estemos llegando a un punto donde necesitamos Su intervención.

Entiendo que esto puede convertirse en algo abrumador. Han habido momentos en mi vida donde he enfrentado situaciones que sola, nunca hubiera podido manejar. Por eso es tan importante tener una relación con Jesucristo. Cuando le entregamos nuestras ansiedades, Él promete en Su Palabra sacarnos de nuestra desesperación y enderezar nuestros pasos.

"Y me hizo sacar del pozo de la desesperación, del lodo cenagoso; Puso mis pies sobre peña, y enderezó mis pasos."
(Salmos 40:2 RV1960)

Cuando empiezan los síntomas, las situaciones, y tú los permites y los dejas ahí, entonces podría venir una apatía al punto de no querer hablar con nadie, querer abandonar el trabajo, que aunque sabes que necesitas el dinero para tu familia, ya no hay fuerzas para ir a trabajar, no te importa nada, solamente quieres dormir, estar en una cama y ahí comienzan los deseos, pensamientos de que debería mejor estar muerto/a. Estas situaciones son señales, hay un desarrollo y es a donde el diablo te quiere llevar.

Hay demonios que se mueven en el ambiente, ellos y tienen que huir por la presencia de Cristo en tu vida, porque en este momento se te está revelando el armamento que ahora tienes, pero no usabas y estás hoy absorbiendo para luego utilizarlo.

Algunas personas ya están avanzadas en la depresión y otras el enemigo va a tratar de llevarlos a una depresión, pero tú que lees este libro te levantarás con la fuerza de Dios y el poder del Espíritu Santo a confesar la palabra de Dios sobre tu vida.

Una persona con síntomas de depresión debe mantenerse muy atenta, esos síntomas pueden llegar al punto de destruir su futuro y es este el punto donde muchos desafortunadamente llegan.

Hay momentos también donde tenemos esa ilusión de que viene algo, ese anhelo de que Dios tiene algo nuevo y no verlo en el tiempo nuestro muchas veces puede causar una desilusión, las personas pueden desilusionarse y dejar de creer. Es aquí donde debemos tener mucho cuidado y mantenernos en comunión con Dios, en intimidad con Él para entender lo que está asechando nuestras vidas.

Dios nos dará la sabiduría para reconocer a tiempo el ataque del enemigo y nos lo mostrará antes de que quiera encadenar nuestra mente y emociones. El diablo se goza cuando logra que las personas permanezcan en una cama deprimidas, angustiadas, sin esperanza y más aún, ver a una familia entera sufriendo.

La realidad es que estos son demonios que los están atando en una depresión paralizante y destructiva con la intención de que su futuro nunca sea alcanzado.

Cuando recibimos a Cristo empezamos a ver la verdad de su palabra:

"Y conocerás la verdad y la verdad, te hará libre"
(Juan 8:32 RVR60)

Jesús es esta verdad, pero el sistema presente nos ha condicionado a pensar de una manera diferente y a poner nuestra FE en el médico, en el abogado, en la pastilla, etc.

Dios dice en su palabra: "… Maldito el varón que confía en el hombre…" (Jeremías 17:5)

No quiere decir que no hay una confianza en las cosas que el hombre hace, sino que pone la confianza en lo que desarrolla el ser humano, esto deshabilita la confianza en Dios y Su Poder. En otras palabras, si tú estás creyendo que la pastilla es la que te va a resolver el dolor tú estás poniendo tu fe y confianza en el hombre y lo que él descubrió, tienes que tomarte la pastilla sabiendo que te va a mejorar, pero debes reconocer que el único que te va a sanar es Jesús, entonces la confianza tuya está en Él, no el hombre; en el sistema de Jesús y no en el sistema del mundo.

Tenemos que renovar nuestro entendimiento y manera de pensar, no podemos conformarnos a esta era o este tiempo ni tampoco al sistema de este mundo:

"No se amolden a la conducta de este mundo; al contrario, sean personas diferentes en cuanto a su conducta y forma de pensar. Así aprenderán lo que Dios quiere, lo que es bueno, agradable y perfecto." (Romanos 12:2 NBV)

¡Cambia tu mente! El diablo nos ha ahogado, vemos algo y ya creemos lo que el sistema nos ha dicho y no comprendemos que Dios está diciendo algo diferente. Hemos creído por tantos años las mentiras del diablo, hemos sido por tanto tiempo engañados, que terminamos acondicionando nuestra mente a estas situaciones.

Ahora que recibiste a Cristo y te rendiste a Él deben venir cambios a tu vida.

La palabra de Dios nos enseña que una vez lo recibimos en nuestro corazón y lo confesamos, Él nos traslada de la potestad de las tinieblas al reino de la luz.

"El cual nos ha librado de la potestad de las tinieblas, y trasladado al reino de su amado Hijo" (Colosenses 1:13)

Ahora hay Luz que nos permite ver con claridad que fuimos sacados del reino de tinieblas y del sistema del diablo, al sistema de Jesús de Nazaret que es el reino de Luz. El Señor nos va guiando en nuestro caminar y va a dirigiendo nuestra vida cuando nos rendimos a Jesús y esto es porque tú y yo le importamos mucho a Él.

Tanto le importamos que murió en una cruz por ti y por mí, padeció y sufrió por nosotros y más aún resucitó para darnos victoria.

Hemos sido trasladados al reino de la luz, al reino de nuestro Señor Jesucristo. Es muy importante tener en cuenta que durante años, quizás por tradiciones o culturas en las que hemos crecido, país donde hemos nacido y también a causa de malas decisiones y pecado, hemos vivido bajo engaños satánicos, nuestras emociones y patrones de pensamientos continúan ahogados en un mar de engaños.

Ahora tenemos a Cristo, venimos a sus caminos, pero seguimos pensando de la misma manera, como en el pasado. Pero la palabra de Dios me comienza a enseñar cosas diferentes, y viene a ser como ese salvavidas que nos saca de un océano de mentiras y desenmascara al verdugo, al enemigo que quiere destruir nuestro futuro y no quiere que entremos en la bendición que Dios tiene para nosotros.

Hay varios síntomas, alertas que podemos reconocer que son maquinaciones del enemigo quien se aprovecha de situaciones para traer desánimo y al desanimarnos y desilusionarnos el enemigo va a presionar a personas para traicionarnos, para frustrarnos y traicionar nuestra confianza. Tenemos que comprender que aunque no queramos que sucedan ciertas cosas, de alguna manera si no estamos muy firmes en Dios pueden suceder, lo importante es tener la convicción y la certeza que el Señor te sostendrá y te dará la fuerza y fortaleza para salir adelante, y no permitirá que te hundas en esa tristeza, desanimo ni desilusión.

Mientras más conocemos la Palabra más tenemos autoridad de detener las estrategias del enemigo y no permitir que entre la depresión. Tenemos que levantarnos aunque estemos medio mareados, todavía sabemos que podemos salir adelante porque nuestra fuerza viene del creador de los cielos y la tierra.

"Dirijo la mirada a las montañas; ¿de dónde vendrá mi ayuda? Mi ayuda viene de Dios, creador del cielo y de la tierra." (Salmos 121:1-2 TLA)

Debemos tener muy presente que quizás hay cosas en nosotros, comportamientos de años, nuestra mentalidad, patrón de pensamientos y emociones, situaciones que quizás hemos vivido a través de los años que de una u otra forma han causado complejo de inferioridad o baja autoestima. Debemos tenerlo muy presente, ya que puede ser un campo fértil para el enemigo y allí comenzar un ataque de depresión. Si te sientes inferior, o quizás piensas que no eres aceptado/a y no te das el paso para entrar en puertas que Dios abre por temores porque desde pequeño/a no has podido hacer las cosas bien y te han rechazado, entonces el enemigo pondrá en tu mente pensamientos de no querer sufrir otro rechazo sin siquiera intentar entrar y lo que no comprendes es que si no lo intentas tú mismo/a estás rechazando de la bendición que viene.

Que te hayan rechazado no te hace un perdedor/a, lo que

Dios tiene para ti. No importa lo pequeño/a que te sientas hoy, hay alguien superior a ti que te va a dar una mano, que te va a sacar de la inferioridad y ese se llama Jesús.

También esto tiene conexión con el miedo a ser derrotados o a perder y este, es otro tipo de nivel, miedo a sentirse derrotados en pasos que den por experiencias pasadas. Fuiste derrotado ayer, pero hoy es otro día y mañana será otro, hoy es hoy y estás más fuerte que ayer, y si te derrotan hoy prepárate mañana porque vas con todo lo que tienes, pero no te quedes abajo porque serías candidato a la depresión total porque ya el diablo va con plan de cancelar tu futuro y lo que Dios tiene para ti.

Así que sacúdete de esas experiencias pasadas dolorosas y sigue hacia adelante, Cristo tiene algo diferente, tenemos que comenzar a pensar diferente, a vernos como Dios nos ve, reconocer que Cristo está con nosotros ahora y rehusamos a ser poca cosa o ser nadie. Somos hijos de Dios.

te hace un perdedor/a es no tratar, no avanzar hacia lo que

CAPÍTULO 3

VENCIENDO EL DESÁNIMO

Hay varios tipos de situaciones que pueden suceder, lo importante es NO permitir el desánimo. Si lo permites empiezas a sentir que estás perdiendo las fuerzas y es aquí donde las puertas de la depresión se abren para ti. Cuando se abren estas puertas, se activan fuerzas demoníacas y ahí sí, todas las fuerzas son consumidas y no hay deseo de seguir hacia adelante, no hay deseo de avanzar, la persona pierde la esperanza completamente y no le encuentra sentido a nada, su futuro está detenido, paralizado. La persona en depresión hace que su pasado detenga y paralice su futuro porque lo que ha sucedido es tan fuerte y tan vivo para esa persona que le está reteniendo la vida.

Recordemos que el cerebro humano no tiene sentido del tiempo, lo que tengas en tu mente o lo que estés pensando sea pasado o futuro, el lo recibe siempre como el presente. Hay emociones que te vienen en el momento cuando recuerdas algo de tu pasado, esto es porque tu cerebro lo asimila como si en ese instante estuvieran sucediendo. Por esto debemos escoger muy bien cuales son nuestros pensamientos presentes, dejar atrás lo malo, mirar hacia delante y meditar todo el tiempo en Su palabra.

La depresión te encierra en un cajón, no hay fuerzas ni emocionales mentales, ni físicas, se pierde la esperanza, es como si fuera una arena movediza donde gente va hundiéndose poco a poco hasta que se destruye. No hay manera de salirse porque la esperanza es anulada y callada por la depresión.

Una vez más, vemos como la depresión es una de las armas satánicas más usadas por el enemigo y tenemos que comprender, entender y creer lo que dice Dios a través de su palabra:

"Es, pues, la fe la certeza de lo que se espera, la convicción de lo que no se ve". (Hebreos 11:1 RVR60)

"Pero sin fe es imposible agradar a Dios; porque es necesario que el que se acerca a Dios crea que le hay, y que es galardonador de los que le buscan." (Hebreos 11:6 RVR60)

Todo lo que Dios nos da es a través de la FE, la FE son tus

brazos espirituales y con ellos abrazas lo que Dios quiere obsequiarte y darte. Si no hay fe no vas a recibir nada de Dios. Entonces, de acuerdo al texto de Hebreos la fe funciona con la certeza a la realidad, Dios va a hacer cierto lo que tú esperas en tu corazón, va a darle certeza, realidad aquello a que tú estás esperando.

¿Qué es lo que tú esperas? Es tu esperanza lo que esperas. Tú que lees este libro quizás estás enfrentando alguna situación de desánimo, depresión o quizás conoces a alguien que esté atravesando alguna situación similar. Entendiendo la Palabra de Dios *"Es pues, la fe la certeza de lo que se espera, la convicción de lo que no se ve"* debes apropiarte, anhelar y esperar la liberación y sanidad total de parte de Dios.

Hay tantos ataques al pueblo de Dios en esta área, por ello tenemos que saber cómo poder vencer la depresión. ¿Qué es lo que en realidad nos altera al punto que lo activamos en nuestra vida la cual nos roba y nos destruye?

"Esfuérzate y sé valiente; porque tú repartirás a este pueblo por heredad la tierra de la cual juré a sus padres que la daría a ellos." (Josué 1:6 RVR60)

Recordemos que Josué es quien toma el lugar de Moisés, lo sustituye y fue quién llevó al pueblo de Israel a entrar en la tierra prometida. Dios le habla a Josué y le da una misión y antes que eso suceda Dios le dice: *"Esfuérzate y sé valiente"*

Cada uno de nosotros somos un Josué, tenemos una tierra que poseer. Tú y yo debemos declarar en fe que todo aquello que Dios tiene y quiere para cada uno de nosotros, lo vamos a poseer. Y es supremamente importante nuestro esfuerzo, sería imposible lograrlo sin esfuerzo y sin tener una proyección de valentía en nuestra vida. Solo los valientes van adelante.

Continúa diciendo Dios:

"Solamente esfuérzate y sé muy valiente, para cuidar de hacer conforme a toda la ley que mi siervo Moisés te mandó; no te apartes de ella ni a diestra ni a siniestra, para que seas prosperado en todas las cosas que emprendas.

Nunca se apartará de tu boca este libro de la ley, sino que de día y de noche meditarás en él, para que guardes y hagas conforme a todo lo que en él está escrito; porque entonces harás prosperar tu camino, y todo te saldrá bien."
(Josué 1:7-8 RVR60)

Ahora fíjense el libro de la ley es el corazón de Dios, sus reglas, su libro la Torá que es nuestra Biblia, viejo testamento y nuevo testamento, es la palabra de Dios, su voluntad. Dios le está diciendo a Josué y te está diciendo a ti: *"No se aparten de tus ojos mis deseos para que los tengas en tu boca".* Tenemos que empezar a declarar lo que Dios dice, decir lo mismo que Él dice, y empezar a creer como Dios cree, para poder con fuerza declarar lo que Dios declara.

Dios te ha dado poder en tu boca, Él te deja ver su voluntad en Su palabra, pero eres tú quien la establece.

Dios te hizo con libre albedrío, el derecho de escoger y de decidir por ti mismo o por ti misma, tú decides creer o no creer, decides seguir o parar. Dios te dio ese derecho y no lo va a violar.

Él quiere que vayamos hacia Él por amor, entonces nos da ese poder para tomar decisiones para que siempre sean de acuerdo a su corazón y para esto nos dejó Su Palabra.

"Nunca se apartará este libro de la ley..." Porque sabe que van a ocurrir cosas las cuales vas a tener que recordar declarar y establecer lo que Él dice, porque si no, lo que puede ocurrir es que canceles tu futuro y tu propósito.

"Mira que te mando que te esfuerces y seas valiente; no temas ni desmayes, porque Jehová tu Dios estará contigo en dondequiera que vayas." (Josué 1:9 RVR60)

Dios nunca te abandona aunque pareciera que sí. Lo importante es lo que Él dice en su palabra y esa debe ser nuestra única verdad, Él Dice: *"Yo nunca te abandonaré ni te desampararé."* Esta debe ser tu verdad, debes recordarla y debes empezar a declararla cuando pareciera que Dios está a mil millas de ti, dices: "¡Dios no está lejos, Él está conmigo porque Su palabra dice que lo está!" y es allí cuando nuestra boca empieza a establecer que no importa cómo te sientas, no importa lo que veas, no importa lo que esté pasando a tu alrededor, tú vas a declarar lo que Dios dice: Dios no te abandonará, ni tampoco te desamparará.

Es una promesa condicional donde dice que todo te va a salir bien, TODO, pero aparentemente para que todo te salga bien tú vas a tener que establecer con tu boca y declarar lo que está en el corazón de Dios para tu vida; no importa lo que venga ni cómo te sientas, no importa lo que tu gran inteligencia te diga, no razones lo que Dios dice en Su palabra.

La palabra de Dios dice que, *"el cielo y tierra pasarán, pero sus palabras no pasarán" (Mateo 24:35),* lo que está escrito es nuestra verdad. Debemos reconocer lo que Él dice y empezar a declararlo aunque nuestra propia mente diga que así no es o que es locura, en su debido tiempo todos nuestros sentidos verán la Gloria de Dios.

Josué tenía que enfrentar varias situaciones y varios enemigos, no solo era poseer la tierra, sino que tenía que sacar la gente de allí primero, esa tierra estaba llena de personas y tenía que sacarlas para poder establecer la bandera de victoria. Esos eran sus enemigos, pero el enemigo verdadero de Josué no era tanto la gente que estaba en el campo de batalla, sino que era el mismo enemigo tuyo y mío, satanás, quien tiene dos armas principales y son: El engaño y el desánimo o desaliento.

Josué tenía que enfrentar muchas situaciones difíciles y peligrosas, además de confrontar a su propia gente en momento específicos.

El desaliento siempre va a estar ahí, constantemente estamos rodeados de personas y desafortunadamente hay personas que van a decepcionarnos, no siempre, pero en muchas ocasiones sí, y cuando esto pasa puede venir el desánimo. En otras palabras, se pierden las fuerzas para seguir adelante y es aquí donde una vez más necesitamos fortalecernos en el Señor y fortalecer nuestra fe en Dios. La fe le da realidad a lo que yo espero, la esperanza es la confianza de lograr una cosa o de que se realice algo que se desea. Cuando la persona no puede desarrollar una vida con esperanza no puede crear una visión, no se puede ver fuera de la arena movediza y jamás saldrá de ahí, porque antes que te vayas a salir de la arena movediza, primero tienes que visualizarte fuera de ella. Si lo ves, lo obtienes, si no lo ves, jamás llegará porque esa es tu esperanza, tu meta, lo que quieres lograr.

La depresión te roba la visión y mata la esperanza.

Con este desánimo no hay manera de que las personas se vean fuera de la situación presente, no hay fuerza para crear una nueva visión y pintar un cuadro espiritual. Es por esto que se puede caer en depresión porque no hay avance y el pasado cancela el futuro y por eso es que terminan suicidándose porque no ven un futuro. Las personas alrededor no saben por qué pasó y fue la depresión que al caer en ella se pierde toda visión, ilusión y meta. Vivir sin esperanza es como estar muerto vivo y la gente dice: "Yo no quiero vivir así" y se suicidan. Esta es la meta satánica. Si tal vez dices que ya estás en esta situación, quiero que sepas que ¡Dios siempre tiene algo para ti!

No importa el porqué de la depresión, aunque sea orgánica, mental, problema del cerebro que no esté produciendo ciertas sustancias, sea directamente demoníaco o sea una situación médica, de todas maneras el diablo aprovechará para activar demonios en un nivel de depresión.

En ocasiones la depresión es netamente demoníaca, y en algunos casos se necesita ayuda profesional. Sea la circunstancia que sea, hay demonios accionados a esta situación porque sin importar el origen de la depresión, esta llamada enfermedad mental quiere llevarte al mismo punto, paralizar y detener tu progreso en cualquier área de tu vida. Es una cancelación de tu progreso, es un amarre a decepciones constantes en tu vida, el cual hace que llegue el momento que todo te decepciona, hasta lo que no te ha decepcionado también lo hace y ya el diablo te tiene en un engaño total, por eso tienes que esforzarte y ser valiente.

Las situaciones que estás pasando o que te van a pasar, no te pueden amarrar, entorpecer, atemorizar, ni mucho menos acabar con tu vida.

Tienes una tierra que debes poseer, una misión con tus hijos, con tu cónyuge, con tu familia, con tu negocio, con tu iglesia, ¡Con el mundo entero! Tú tienes una misión aquí en la tierra y un destino que debes cumplir porque dice la Biblia que Dios tiene un libro para cada ser humano donde está escrito el propósito y cada uno de sus días dentro de Su perfecta voluntad y nos corresponde a nosotros ir en pos de ella *(Salmo 139:16)*. El diablo va a poner situaciones en tu camino para que te desanimes, te decepciones y te deprimas. Quiere robar, matar tu visión, tu esperanza y tu propósito por el cual fuiste creado para la Gloria de Dios.

Hoy quiero decirte de parte de Dios, nada es suficiente para robarte el gozo que Cristo pone y ha puesto en tu corazón. Es imposible no recibir desilusiones, decepciones siempre vendrán, lo importante es no permitir el desánimo:

"Yo les he dicho estas cosas para que en mí encuentren paz. En este mundo van a sufrir, pero anímense, yo he vencido al mundo. (Juan 16:33 RVR60)"

Nada puede robarte lo que Dios ha dejado para ti, la paz que sobrepasa todo entendimiento y sus múltiples promesas de bien y no de mal. Tienes que esforzarte e ir en contra de la decepción y la desilusión de lo que te haya sucedido, nada puede robarte el futuro y lo grande que Dios tiene para ti. Debes mantener siempre una actitud con nuevas esperanzas, esperanzas frescas. Dios hace cosas nuevas, debes tener las expectativas de Dios, porque Él declara cosas en su palabra, incluso hay promesas condicionales; dice que si haces algo, entonces Él traerá algo también o algo sucederá. Siendo así, nos podemos anticipar que Dios va a ser fiel a su palabra.

El punto es que nosotros estamos un poco fuera del tiempo de Dios, y si las cosas que anticipamos y esperamos de Dios no vienen al tiempo que nosotros pensamos que debe ser, nos desilusionamos. Ahí vienen las conversaciones en las oraciones con reclamos: "¿Señor cómo es que me abandonas en este momento tan especial en mi vida?", "¿Dónde estás Señor, te has olvidado de mí?". Empezamos a ver estas situaciones de desilusión.

Nosotros debemos tener expectativa de Dios, pero tenemos que permitirle a Él que lo desarrolle en su tiempo, debemos anclarnos firmes y no desesperanzarnos jamás pase lo que pase.

Dios siempre tendrá algo mejor para cada uno de nosotros, sus promesas son si y amén.

Hace varios años a un hombre lo sorprendieron en una situación de drogas, se enredó con las personas que las vendían y los arrestaron, aunque nunca este hombre vendió la droga, él si la consumía. Estaba en el lugar equivocado, en un mal momento, le encontraron droga y lo arrestaron. En el día de su juicio, mi esposo, yo y otros hermanos de la iglesia estuvimos orando con su mamá fuertemente para que el hijo saliera libre porque en realidad, él no vendía la droga y la acusación era por venta de drogas, así que realmente oramos para que la justicia tomara el lugar y ella proyectó su FE en esto, pero al hijo le dieron una condena de 10 años, entonces ella quedó totalmente desesperanzada porque lógicamente fue un golpe muy duro y fuerte. Ella estaba esperando y anticipando que el hijo saliera totalmente bien. Se decepcionó y desilusionó con Dios, se deprimió. Mi esposo y yo estuvimos conversando con ella un tiempo y nos decía: "Estoy totalmente desesperanzada, no tengo fuerzas para nada" el desánimo llegó tan fuerte sobre su vida al punto que ella se sintió mal con Dios, ella

llegó a sentir que Dios la había abandonado y que la oración no había funcionado, que su FE y todo lo que proyectó no le había funcionado.

Luego de varios meses, ella se recuperó, salió de su desespero, mi esposo y yo le dijimos que tenía que seguir creyendo así su hijo estuviera en la cárcel arrestado por años.

Hay cosas que no podemos explicar ni mucho menos razonar, solo sabemos lo que dice Su palabra y debemos seguir firmes creyendo, entendamos o no entendamos. Nosotros cuando orábamos, queríamos lo mejor para el muchacho, a los ojos naturales, lo mejor no era estar encarcelado, arrestado y mucho menos con una condena de 10 años, claro que no queríamos eso, pero teníamos que seguir firmes orando y dando gracias a Dios, no podíamos desilusionarnos con Dios y decir que la Biblia no funciona, o lo que hacemos no funciona para bien.

Ella se recuperó y en contra de sus propias emociones y su propia mente empezó a darle gracias a Dios porque lo tiene todo en control y su hijo está en sus manos. Después un milagro sucedió, pasaron una ley en ese tiempo por haber tantas personas en la cárcel, después de 2 años dejaron salir al muchacho. Pero eso no es todo, no solo lo dejaron salir después de 2 años cuando tenía 10 de condena, en ese tiempo allí fue rehabilitado de las drogas y no volvió a consumir más alucinógenos.

Yo no sabía que eso le iba a pasar a su hijo y no se lo podía decir, tampoco sabía si iba a salir igual o peor de la cárcel o si le iban a hacer algo allá adentro bueno o malo, yo solo sabía que había que seguir dándole gracias a Dios, que supiera que Dios no lo iba a abandonar ni a él ni a ella y que lo mejor para su hijo le iba a suceder, que no podía desilusionarse con Dios, sino al contrario saber que Dios tiene todo el control y tiene algo en su agenda que ni tú ni yo comprendemos. Lo importante es que el muchacho salió a los 2 años y no volvió a tocar la droga. Dios tenía un plan, los planes de Dios dice Su palabra son de bien y no de mal, desafortunadamente a veces no los entendemos, ni comprendemos. El haber estado el muchacho en la cárcel por dos años allí conoce de Jesús, allí entrega su vida a Jesús y allí nunca más volvió a tocar las drogas. En ese proceso Dios lo restauró.

Por esto, debemos tener cuidado y comprender que Dios tiene tu bienestar bien preparado y de manera muy especial para cada uno de nosotros. A veces, proyectamos la fe en algo muy específico pero, ¿Qué era lo específico? ¿Qué no vaya a la cárcel, o que se haga lo mejor para él? Si la madre hubiera sabido que en la cárcel se iba a rehabilitar por completo, hubiera orado para que se lo llevaran, pero como no sabemos, tenemos que andar por fe y no por vista.

La vista es engañosa, como tú ves algo así lo procesas, lo consideras y lo balanceas en tu análisis, pero el análisis de Dios es superior que el nuestro, nosotros lo analizamos desde el nivel de hombres que nos desilusionan, nos decepcionan, nos deprimen y caemos en la red de satanás; perdemos las fuerzas, perdamos la esperanza, si no hay esperanza no hay visión y sin visión la fe no tiene nada que agarrar, para atraerla y hacerla realidad. La FE es la realidad de lo que se espera, si nada se espera la fe no tiene nada que agarrar por lo tanto te mantiene donde estás sin avanzar y ahí no es donde te quieres quedar. Por eso la importancia de mantener la esperanza, la esperanza del enfermo es verse sano, la esperanza del pobre es que sus bolsas sean bendecidas, sus finanzas sean bendecidas; entonces si la esperanza no está ahí la FE no puede agarrarla ni hacerla real y la depresión te lleva a esto.

Así que, mantengámonos firmes, veamos lo que dice Dios a través de su palabra en el libro de lamentaciones.

"Por la misericordia de Jehová no hemos sido consumidos, porque nunca decayeron sus misericordias. Nuevas son cada mañana; grande es tu fidelidad."
(Lamentaciones 3:22-23 RVR60)

Las misericordias del Señor son nuevas cada mañana, así mismo el perdón del Señor es nuevo cada mañana. Sin importar lo que hayas hecho ayer, la misericordia de Dios es nueva cada mañana, quiere decir que su perdón está disponible para ti, así mismo sus planes son nuevos cada mañana y sus fuerzas nuevas para ti cada mañana.

¡Hay una nueva esperanza cada mañana!, no importa lo que ayer te decepcionó, hoy Dios tiene algo nuevo, algo mejor, una nueva ilusión, una nueva visión, un nuevo futuro en el cual Él se glorifica y tú te beneficias, porque *"Nuevas son cada mañana"*.

CAPÍTULO 4
ENCIENDE UNA LUZ EN TU VIDA

En la iglesia en Alpha & Omega donde pastoreo, hay gran cantidad de personas que nos escriben con problemas de depresión. Hay un ataque extraordinario de depresión, personas las cuales hemos tenido que ministrar al borde del suicidio y quiero que sepas que son personas las cuales un tiempo atrás han recibido a Cristo.

La palabra es la que nos nutre y nos fortalece porque siempre vamos a estar confrontando pruebas y situaciones en la vida porque te conviertes en cristiano/a y los ministros debemos tener mucho cuidado al dejarle pensar a las personas, que si te conviertes a Cristo ya es una cama de rosas, van a haber situaciones y pruebas, tal vez un poco más que antes, pero la diferencia es que ahora pueden ganar porque Cristo ganó por nosotros. Antes teníamos las mismas pruebas y no había ningún tipo de evidencia que podía dejarnos ver que podíamos vencer, pero ahora la Biblia nos declara que en Cristo somos más que vencedores, la palabra de Dios dice que hemos vencido pruebas, obstáculos con la ayuda de Dios, así que, cuando la Biblia te dice que tú eres más que vencedor es porque ya has podido vencer:

"Antes, en todas estas cosas somos más que vencedores por medio de aquel que nos amó." (Romanos 8:37 RVR60)

Una de las cosas que la palabra nos deja ver es quienes somos ahora, esto es de suma importancia. La gente se deprime, siente que no es nada, siente que no vale y el diablo sigue robando y destruyendo visiones, sueños y metas. No importa lo que Dios quiera darte, tú tienes que acumular esto en tu corazón, creerlo, fertilizarlo con tus oraciones y darle gracias a Dios por aquellas cosas que promete que tiene para ti. Pero cuando tú percibes que ya no hay nada más que dar o que hacer, basado en situaciones del pasado porque todos tenemos fracasos, entonces la gente se amarra a ellos y se detiene para seguir por sus experiencias frustradas del pasado. Por eso Pablo dice que *"Él olvida lo que hay atrás y se extiende a lo que está adelante" (Filipenses 3:13).* Hay un premio y el premio es aquello que tú vas a alcanzar que Dios tiene para tu vida que no es solo el cielo, el cielo lo alcanzarás después que nos vayamos de aquí, pero aquí hay muchos niveles para tú logres lo que Dios te quiere dar y lo que el enemigo no quiere que tengas, porque el deseo de él es frustrarte.

Lo que pasa es que las personas se concentran en la situación que están viviendo y entonces solo miran el problema que tienen y que no hay salida, no pueden dormir y solo ven lo negativo y lo malo y se concentran en su situación presente. Tenemos que aprender a poner todo en las manos de Dios, confiar en Él, aprender a oír palabra porque es la que nos va a fortalecer y nos va a dar una luz a esa situación oscura a ese pozo, a ese problema que estemos confrontando; la Palabra de Dios te va a dar luz. Mira lo que dice la Biblia:

"Levántate, resplandece; porque ha venido tu luz, y la gloria de Jehová ha nacido sobre ti." (Isaías 60:1 RVR60)

Quiere decir que tú tienes que cambiar tu posición, no te puedes quedar como estás. Si estás acostado en una cama con una depresión, con las cortinas cerradas que no te bañas, que no te arreglas, que todo lo ves negativo, Dios te dice: *"Levántate y cambia la posición y resplandece porque ha llegado tu luz".* En otras palabras, proyecta la luz que está en ti. Es una pena que le pase esto a cualquiera, pero es doloroso que a una persona que le ha entregado su corazón a Cristo, que Cristo vive en esa persona y que el Señor le está preparando lugar en los cielos, el diablo pueda derribarlo de esa manera y deprimirlo hasta ese punto.

Tenemos que comprender que, aunque parezca que no lo hemos permitido, a todos nos pasa sea de una forma u otra algo difícil, aquí no hay nadie que pueda decir: *"A mí nunca me ha pasado nada",* aquí no hay nadie que nunca haya derramado una lágrima o que no haya tenido que luchar y pelear, el punto es que en esa lucha o tú dejas que te venza o vences y vas a vencer reconociendo quién tú eres en Cristo, reconociendo que tú estás siendo atacado por quien tú eres y que el diablo no quiere que alcances lo que

Dios ya tiene para ti. Puedes buscar ayuda, reconocer que necesitas consejería pastoral o de un psicólogo cristiano que te pueda guiar, te hará avanzar fuertemente en esta carrera; hay salida para salir de la depresión. Dios nos va a ayudar, pero nosotros tenemos que hacer nuestra parte, tenemos nuestras responsabilidades, tenemos que tomar una decisión de no quedarnos así, también podemos pedir oración siempre que se pueda a hermanas o hermanos de tu iglesia, para que intercedan por esa situación por la que estás atravesando, sea depresiones, situaciones duras que te han tocado vivir o que están viviendo, sea lo que sea, con un ser querido, un hijo, la muerte de un familiar, lo que sea, pueden orar por ti y cancelar todo espíritu de depresión. Todo espíritu que quiere venir en contra tuya y mantenerte abatido o abatida debe retroceder con el poder de la oración en el nombre de Jesús.

El enemigo necesita eliminarte de una manera o de otra y no hay duda que una de las armas más positivas para él es la depresión.

La depresión es algo que se desarrolla y no viene rápidamente, ya cuando estás en esta situación hay una activación espiritual satánica, pero no se llega ahí, así como así.

Tenemos que comprender que la depresión es un producto del desánimo. Cuando las personas se desaniman, se frustran, esto roba las fuerzas y cuando alguien se desanima no quiere continuar, por eso vemos personas que están trabajando en la iglesia y de pronto por cosas simples se molestan por algo que dijo el pastor, la esposa del pastor, el líder o tal vez alguien en la iglesia, ha hecho algo que ellos piensan que debería ser reprendido y no se le hace, o que las cosas deberían ser de una manera diferente y se hace de otra, estas personas se desilusionan. Creen que hay una manera cómo funcionan las cosas o como deberían funcionar, pero no pasa así. Esa desilusión de que no ha sucedido lo que tú esperas hace que te desanimes, por eso hay personas que al desani

marse dicen que lo van a dejar todo, que no van a seguir más y se van al otro extremo y se van de las iglesias, o no siempre se van sino que dicen que no van a continuar más en el ministerio en el que sirven porque cada vez se desaniman por una cosa u otra.

Lo que las personas no saben, es que, cuando van a tomar esa actitud, están dejando de plantar semillas para su propio huerto; y estamos hablando solo de la iglesia porque soy pastora y veo esto con frecuencia, pero puede ser lo mismo en un negocio, que te salgan las cosas mal, te desilusionen y por desilusionarte te frustras y te desanimas y no quieres continuar haciendo lo que está en tus manos.

Dios es un Dios de nuevas oportunidades, pero al tu desanimarte, que las fuerzas se te vayan y no querer continuar te pones en una situación donde podrías activar demonios que te lleven a la depresión, entonces te llevan a cancelar ciertas situaciones de tu vida en las que aún no has tenido ninguna frustración y en las áreas que te están saliendo bien. Pero cuando ya hay una activación demoníaca, empieza una depresión que ni te levantas de la cama por diversas situaciones de desánimo. Tenemos personas en la iglesia que salieron de la depresión y estuvieron postradas por semanas en cama con las cortinas del cuarto cerradas, que no se bañaban, no se arreglaban ni comían nada, hasta tomaban medicamentos, con pensamientos suicidas y unos efectos secundarios terribles, incluso algunos llegan a ser adictos a ciertas pastillas pues llevan tomándola durante mucho tiempo y en vez de tratar de romper con esto, se aferran más y se vuelven dependientes de estas medicina. Para situaciones así, mi consejo más importante es que busques ayuda pastoral en la iglesia donde Dios te ha puesto para que te aconsejen y dirijan.

Tal vez estás ya muy hundido en esta situación y una liberación es indiscutiblemente necesaria que tome lugar en tu vida, y si tienes una situación de confusión mental en tu vida, tal vez un psicólogo puede ayudarte. Claramente, cuando vamos a una situación ya a lo natural, la gente piensa que ir a un psicólogo es como ir al médico; porque la situación mental es igual a una situación física y esto no es así. Existen problemas físicos y problemas mentales, yo creo que Cristo resuelve todo esto, pero en muchas ocasiones vas al médico aunque deberías ir primero a Dios. Hay situaciones donde vas a Dios y a un pastor, pero en otras, debes ir a un psicólogo porque se puede decir que es un médico de la mente, pero si vas a buscar un psicólogo de seguro mejor es que sea cristiano, tal vez puede ir también a un médico que no lo sea (aunque sería siempre mejor cristiano) no quiere decir que no te dé una buena atención, pero ya un psicólogo va a trabajar en tu mente, la cual es parte del alma y ahí si necesitas un psicólogo que sea indiscutiblemente cristiano porque tiene que ser alguien que conozca la palabra y que utilice ciertos métodos para identificar ciertas áreas de tu vida, la cual tú le tienes que poner a Dios en las manos, si no la depresión acaba contigo.

Una de las situaciones de la desilusión es que nos llevan al desánimo y el desánimo nos lleva a la depresión, esto sucede porque a veces esperamos mucho de la gente, anticipamos demasiado y creemos que las cosas van a ser de una manera y si no es así hay un impacto totalmente negativo, sin pensar que porque no sea así ahora no pueda ser después.

No le damos a Dios la oportunidad de ser Dios y creemos que las cosas tienen que ser como ya las hemos pensado. Muchas veces las cosas no son como yo las he planeado. Mi esposo no hace todas las cosas como yo creo que debería ser, porque él es una persona y yo soy otra, pero porque él no llegue en ese momento al nivel que yo espero-no quiere decir que en otro momento dado no va a llegar. Entonces, yo no puedo desilusionarme porque las cosas en un momento específico no estén tomando lugar como yo espero que sean porque ahí caigo al desánimo y después quiero romper con mi esposo.

Muchas veces queremos destruir lo que sea, queremos acabar con lo que tenemos, queremos simplemente terminar eliminando la gente de nuestras vidas y no querer saber nada más de ellos: "Yo esperaba que me llamara cuando estaba enfermo/a, nunca me llamó, el/ella no es mi amigo/a" pero tú no sabes lo que le pasó. Estamos esperando demasiado de la gente y a veces esperamos demasiado de Dios, esperamos mucho de Dios pero no esperamos demasiado, entonces, cuando ya vas en ese punto, estás esperando cosas que Dios nunca ha dicho. Es lógico que tienes que esperar mucho de Dios porque Él es un Dios de mucho, pero no de demasiado, cuando es así ya estás entrando en áreas tuyas de tu propia voluntad que tú esperas y anticipas algo que realmente Dios ni te ha dicho ni prometido y solo/a te haces una falsa ilusión, luego cuando no se cumple como tú dijiste te frustras.

También sucede que las personas caen en depresión por fracasos que han tenido en los negocios, no les ha ido bien, perdieron dinero o quizás el socio los traicionó, los robó, de nuevo vuelven y se levantan y vuelven a caer, entonces en ese momento se sienten personas fracasadas.

Lo peor es cuando se desilusionan con Dios porque han

hecho oraciones y las han hecho mal, han pedido mal, no han tenido paciencia suficiente, han orado, pero no en fe, no consultan con Dios, sino que están esperando que suceda lo que quieren y se quedan esperando que suceda y no reciben respuesta. Todas estas cosas no funcionan así y si la fe no es proyectada correctamente, aunque oramos, pero oramos mal no vamos a ver nada y al no suceder lo que esperamos hay una desilusión con Dios y empezamos a preguntarle y cuestionarlo cómo es posible que nos haya abandonado y cosas así. Todas estas cosas activan demonios que atraen la depresión, entonces llega el desánimo y con esto se van las fuerzas para continuar, ese es el mejor campo para satanás deprimirte.

La oración es una de las armas más poderosas para vencer este tipo de situaciones, pide ayuda a un hermano/a de tu iglesia, si no, tú pídele a Dios en el nombre de Jesús también que te libere de esta situación. Puede ser que no seas tú sino un familiar que lo necesite y con la ayuda del Espíritu Santo se romperán todas estas cadenas y yugos de opresión.

Muchas personas que conozcas pueden no estar en depresión, así que, no solo estamos hablando para que las personas salgan de esto, sino también para evitar que caigan. Este libro también puede ser una gran herramienta de palabra y nutrición bíblica suficiente para no ser engañados en estas mentiras.

Tenemos que identificar ciertas cosas, y una de ellas son las cosas del pasado que nos amarran. Cuando Pablo en la Palabra dice que se olvida de lo que quedo atrás, o cuando Dios dice que se olvida de nuestros pecados no es que los borre, es que simplemente no le da ningún peso para que tenga fuerza a hacer cambios en nosotros, esa es la situación. Como Pablo o como Dios dice, no es que no se va a acordar de lo que pasó literalmente, solo que no le da la importancia ni el valor a aquello para que te haga un cambio o un amarre, no es tan fuerte como para no perdonarte o amarte como siempre lo ha hecho. Él lo deja atrás para enseñarte de nuevo, darte una nueva oportunidad y hacerlo todo diferente dejando atrás todo lo que sucedió. Tú tampoco le puedes dar valor a algo que Dios ya dejo atrás, comprende que eso no tiene peso suficiente para que tú no continúes hacia adelante, extiéndete al frente y deja todo eso atrás y cuando venga a tu mente tú dices: "En el nombre de Jesús, gracias porque ya eso pasó y he sido perdonado/a, gracias porque me he desprendido de eso y no tiene valor alguno para mí" y sigues adelante hacia la meta, porque hay una meta en este momento que tienes a Cristo, esta meta se manifiesta en un próximo nivel de lo que Dios tiene para ti.

Dios te quiere liberar y es hora que comiences a pensar positivamente, piensa que hay un mañana mejor para ti, piensa en esto y créelo. Dios puede y tiene el poder para sacarte de este hoy en el que estás, Él quiere darte una vida de paz y gozo; una vida de bienestar te espera aunque tú no lo creas, es tan solo que abras tu corazón y Él nunca va a olvidarse de ti. Nunca te olvides que todo es posible si puedes creer.

CAPÍTULO 5

VENCIENDO LAS PREOCUPACIONES

"¿No has sabido, no has oído que el Dios eterno es Jehová, el cual creó los confines de la tierra? No desfallece, ni se fatiga con cansancio, y su entendimiento no hay quien lo alcance." (Isaías 40:28 NBV)

Él da esfuerzo al cansado y multiplica las fuerzas al que no tiene ninguna y así hay muchas personas en este momento, cansadas, agotadas, débiles, sin fuerzas, con cargas y llevan pesos fuertes que no les corresponde llevar, esto no es para ti. Sobre todo muchas personas que están criando hijos solos y solas, especialmente las mujeres que no tienen un hombre al lado con quien apoyarse y en las noches cuando se acuestan no está a su lado que la comprende, la cuida y le brinda seguridad. Ellas piensan que no pueden más, pero el Señor dice que Él es quien te da las fuerzas y las multiplica cuando crees que no tienes ninguna en el momento que estás cansado/a o agotado/a. Jesús quiere que tu pongas esas cargas al pie de la cruz y se las entregues, Él es quien te quita esas pesadas preocupaciones y te entrega un ligero yugo que es fácil de llevar. Si estás confrontando con situaciones pesadas que tú no puedes llevar, es momento que pongas tus cargas sobre Jesús porque Él tiene cuidado de ti, tienes que hacerlo porque solo Dios te da la fuerza para vivir el día a día en tu trabajo, en tu casa y todas las áreas en las que debes estar firme.

Fue muy duro cuando mi hijo estuvo en las drogas y con muy malas amistades, estuvo lejos de Dios y nosotros como sus padres, no teníamos fuerzas, fue muy duro pasar este proceso, pero el Señor es quién nos sostenía para orar por él y hacer todo lo demás que debíamos cumplir en el ministerio y en las demás responsabilidades del día a día. Todas estas cosas nos tenían muy cargados hasta que llega el momento que después de varios años el Señor mismo nos saca de eso. Estuvimos atravesando un desierto, pero Dios dice en Su palabra que no importa lo que estés atravesando, Él está contigo, no te deja ni te desampara y está a tu lado. Nosotros no nos dejamos llevar de lo que veíamos, ni por las cosas que nos decían.

A veces los sábados, un día antes del Servicio nos preparábamos para la Palabra, nuestro hijo no llegaba a la casa; eran como las 2:00 o 3:00 de la madrugada y ni contestaba el celular, no sabíamos que era de él y fue muy difícil, pero Dios es fiel y nosotros le pusimos esa carga a Dios, porque esa situación era muy pesada para nosotros.

Ver a nuestro hijo que fué criado en el evangelio al igual que nuestra hija, pero solo con él apartado de los caminos del Señor, fue muy duro y pesado, esta carga no la podíamos llevar solos, no se podía ni dar la palabra los domingos tranquilamente si no fuera porque Dios la llevó por nosotros. Si no fuera por Dios no podíamos llevar todas las responsabilidades con la iglesia, los líderes, personas que trabajan con nosotros, teníamos que depositarle eso al Señor quien tomaba cuidado de nuestro hijo. Orábamos juntos en el cuarto de él y colocábamos alabanzas proféticas, reprendíamos, estábamos en guerra en esa habitación, poníamos la palabra de Dios y no nos dejábamos llevar por lo que veíamos aunque a veces estábamos cansados, agotados, débiles y no teníamos fuerzas para seguir adelante, pero de alguna manera Dios siempre venía y sentíamos como un manto de amor, de misericordia, de confianza, un abrazo de Dios que nos animaba a seguir adelante.

"Echa sobre Jehová tu carga, y él te sustentará; No dejará para siempre caído al justo." (Salmo 55:22 RVR60)

Tú eres justo y justa porque Jesús que es Justo ahora vive en ti y Él te está diciendo que si estás cansado o cansada, sin fuerza, con desánimo, Él te renueva las fuerzas y dice en su palabra que te da las fuerzas del búfalo *(Salmo 92:10)*, te da fuerzas no solo físicas sino también espirituales para que tú puedas seguir adelante. No vas a estar caído o caída siempre, vas a levantarte como el águila y a resurgir ante cualquier situación.

"Pero los que esperan a Jehová tendrán nuevas fuerzas; levantarán alas como las águilas; correrán, y no se cansarán; caminarán, y no se fatigarán." (Isaías 40:31 RVR60)

Dios no solo te dará las fuerzas sino que también pondrá de su aceite sobre ti, desde tu cabeza y va bajando su unción en todo tu ser con el que vas a poder sobrepasar cualquier situación y tú no vas a saber cómo, porque Él ha estado ahí a tu lado ayudándote y fortaleciéndote.

Hay muchas personas preocupadas en el mundo y sin paz que no saben para donde ir y están como un barco que va a la deriva, sin rumbo y no saben qué camino tomar, porque tienen tantos problemas y situaciones adversas que no pueden seguir adelante. La preocupación los lleva al insomnio y no tienen tranquilidad, pero dice Él Señor:

"Por nada estéis afanosos, sino sean conocidas vuestras peticiones delante de Dios en toda oración y ruego, con acción de gracias." (Filipenses 4:6 RVR60)

Por nada estemos preocupados ni tengamos miedo, ni que en nuestro corazón haya angustia de algún tipo, Él toma cuidado de ti sin importar las circunstancias que estemos atravesando ni el gigante que estás enfrentando, el Señor dice que no tenemos por qué estar preocupados o angustiados, tampoco ansiosos y que no tengamos miedo porque Él está con nosotros, así como la sombra que va pegada y nos sigue, así va el Señor a nuestro lado. Dios no nos deja ni nos desampara sin importar lo que estemos atravesando, mayor es el que está en nosotros que el que está en el mundo y ninguna arma forjada contra nosotros va a prosperar ni tener éxito.

No puedes andar en temor, tienes que andar en seguridad, debes estar oyendo la palabra constantemente y no puedes permitir que ningún obstáculo te saque de los caminos del Señor. Nada te puede desviar de lo que Dios tiene para ti porque el éxito tuyo está en la constancia, en que tú perseveres, en que tú continúes, en que no te rindas; ahí está tu victoria y éxito.

Echa tus cargas sobre Jesús porque Él tiene cuidado de ti, tienes que declarar: "Rechazo toda preocupación, toda ansiedad, todo miedo y toda angustia en el nombre de Jesús". Tienes que renunciar a todo eso y declararlo.

Dios no te ha dado un espíritu de temor y no tienes por qué tener miedo ante ninguna circunstancia, porque el Señor está contigo, deposita esa carga en los pies del maestro y deja que su Espíritu Santo te inunde y te cubra con su manto protector.

La palabra de Dios dice:

"Muchas son las aflicciones del justo, pero de todas ellas le librará Jehová" (Salmos 34:19 RVR60)

Él te libra de todas las aflicciones y preocupaciones, Él te da la victoria.

También dice la palabra

"En su angustia clamaron al Señor, y él los salvó de su aflicción".
(Salmos 107:19 RVR60)

Cuando clamamos a Dios, Él promete salvarnos y librarnos de toda aflicción.

Decide creerle a Dios y su palabra que es fiel y verdadera. Todos pasamos por situaciones adversas, así como conté anteriormente, lo que pasó con mi hijo Alberto Jr. Cómo el Señor lo trajo de nuevo a sus caminos después de apartarse un tiempo y vimos la mano victoriosa de Dios que obró poderosamente en él. Sigue creyéndole a Dios y ve a una iglesia el cual es un centro de entrenamiento donde vas a crecer, alimentarte de lo que Dios habla, vas a llorar allí, incluso puedes tener roces como los tienes en tu familia, pero el crecimiento será poderoso en Cristo Jesús mientras no apartes tu mitrada de Él. Van a venir plagas y tempestades, vientos fuertes y te van a sacudir, porque si pueden llegar, pero dice la palabra de Dios que de todas ellas te libra el Señor, no de algunas, ¡De todas! Pero lo tienes que creer y tomar una actitud de saber que Dios no te deja y está a tu lado llevándote de tu mano para que cruces a la otra orilla, tú no te vas a hundir.

Muchas personas están pasando estas tempestades y ya están llegando al otro lado, pero empiezan a quejarse y a tener temor y lo que hacen es que se hunden más, por eso no ven la orilla. Están a punto de conquistar lo que llevan esperando por mucho tiempo, pero su desesperación los lleva a salirse y se desvían. Dios quiere que seamos constantes para que obtengamos la victoria.

CAPÍTULO 6

HAY PODER EN TU CONFESIÓN

"El hombre se llena con el fruto de su boca, y se sacia con lo que habla. La lengua tiene poder para vida o para muerte; los que la aman sufrirán las consecuencias."
(Proverbios 18:20-21 NBV)

Muchas veces el motivo de las ataduras en nuestra vida tiene que ver con las palabras que usamos consiente e inconscientemente, hay ciertas cosas que hablamos en privado y en lo secreto y pensamos que nadie nos ve o nos oye, pero hay uno que si las sabe todas y se llama Jesús.

Él oye todo lo que decimos en privado, porque podemos estar en cualquier parte incluso en la iglesia y levantamos las manos, glorificamos a Dios y salimos con un dinamismo que parece que nos pusieran un cohete y quisiéramos devorar el mundo, pero hay cosas que establecemos en privado que son las que quizás están deteniendo que se manifieste el destino que Dios tiene para nosotros.

Lo que tú estableces en privado, lo que dices o lo que declaras tienen mucho poder. Tienes que tener mucho cuidado con tus palabras. Varias veces decimos cosas malignas sobre nosotros y nuestra vida o sobre alguien más, estas cosas se deben romper y se debe cancelar toda palabra negativa, toda maldición que ha sido pronunciada que nos daña y daña a nuestra familia. Como dice el versículo de proverbios, vas a alimentarte de todo lo que hables y vas a saciarte con cada declaración que sale de tu boca comiendo de estos frutos, por eso es que muchas veces vivimos lo que declaramos y después nos quejamos sin entender que es por nuestras propias confesiones que estamos donde estamos. Pero así mismo también funciona este versículo para el bien, podemos revertir las malas cosas hablando vida y no muerte, hablando salud y no enfermedad, hablando verdad y no mentira, hablando restauración y no destrucción, se puede cambiar tu presente y futuro así no las veamos físicamente, pero si las creemos con toda seguridad van a pasar porque no lo digo yo, lo dice la palabra de Dios y Él no miente ni se arrepiente de lo que nos promete:

"... ¡Es el Dios que hace que los muertos resuciten y que es capaz de hacer que las cosas que aún no existen lleguen a existir!"
(Romanos 4:17b NBV)

En la versión Reina Valera 1960 dice que Él llama las cosas

que no son como si fuesen, Él hace que bajen del cielo las promesas y se haga visible lo invisible con tus declaraciones.

Todas las mañanas cuando tengas tu tiempo de oración, el tiempo que sea, debes romper y cancelar toda palabra que haya sido dicha sobre tu vida, sobre tus hijos, familia, finanzas, etc. En nuestra casa, todas las mañanas cancelamos toda palabra de maldición que haya sido puesta sobre nosotros, sobre nuestros hijos, sobre nuestros empleados de la oficina, sobre los miembros de la iglesia, palabras de hechicería, trabajos de brujería, de santería, espiritismo, palabras de maldición para que la obra no siga adelante, etc. Esto lo hacemos para que no se logren los planes de las personas envidiosas. De igual manera cosas como éstas, tú debes cancelarlas, toda maldición que te hayan enviado desde tu trabajo que no quiere que tú prosperes, que avances o que te desarrolles, tú tienes que cancelar todo esto en el nombre de Jesús, tú tienes que tomar autoridad sobre eso y declarar lo correcto y establecerlo como está escrito:

"Ninguna arma forjada contra ti prosperará, y condenarás toda lengua que se levante contra ti en juicio. Esta es la herencia de los siervos de Jehová, y su salvación de mí vendrá, dijo Jehová." (Isaías 54:17 RVR60)

Cuidado con las palabras que dices, que hablas, que compartes, con amigo/as, hermanos de la iglesia, familia, tus hijos que están oyendo lo que estás diciendo y hablando, quejándote de que no te gustó esto o lo otro. ¿Qué estás hablando cuando te sientas a comer? Porque de toda palabra mala que tú establezcas te tienes que arrepentir, debes cancelar toda cosa negativa que hablas o que digas, y si hay cosas con otras personas que se pueden resolver en paz, ve y habla con ellos y diles si hay algo que no te gusta, resuelve en el amor. No tenemos que formar una montaña donde hay algo pequeño, las cosas se aclaran, se hablan, se resuelven y si no se resuelven entonces vas a alguien quien tenga una posición mayor, pero las cosas hay que solucionarlas, principalmente en tu corazón. Lo que está mal es tener una espina en tu interior contra alguien que te haya hecho algo y no resolverlo, esto va creando raíces que a la única persona que le va a hacer mucho daño es a ti mismo/a; tienes que arrancar esa raíz de rencor de lo que sea que te esté pasando o lo que te haya pasado por falta de amor, cualquier cosa que esté en tu corazón sácala, arrepiéntete y cancela esas palabras en el nombre de Jesús. Tú tienes que tener un corazón limpio, nada de rencor.

A veces nosotros guardamos tantas y tantas cosas en nuestro corazón como amarguras y cosas así, que con el tiempo se reflejan en el rostro, las cuales también son la causa de muchísimas enfermedades: gastritis, problemas del corazón, problemas de presión arterial, úlceras, cáncer, entre otras, y es porque se guarda rencor, porque no podemos perdonar, no podemos dejar atrás lo malo y sacarlo del corazón; se han dejado tanto tiempo, que ya la raíz no es pequeña, sino que ya es un tronco. No es lo mismo cuando tienes una plantita pequeña donde las raíces son fáciles de arrancar, pero cuando ha cogido fuerza y es un gran tronco como el de un árbol es mucho más difícil de sacar. Por esto debes tener un espíritu de arrepentimiento inmediato delante de Dios por las palabras que se hayan dicho contra alguien más, cancelar lo dicho y bendecir su vida sin importar lo que haya pasado. La palabra lo dice:

"Pero yo les digo a ustedes que me escuchan, amen a sus enemigos. Hagan el bien a los que los odian. Bendigan

a los que los maldicen y oren por los que los maltratan."
(Lucas 6:27-28 RVR60)

Eso no quiere decir que tengas que compartir con esa persona todos los días, salir a comer siempre con él o ella o invitarlo/a a tu casa, en realidad es que tu corazón esté limpio por lo que te hayan hecho, que incluso como dice el versículo ores por quien te ofendió y lo/a bendigas, que tu interior esté libre de todo rencor; y con las palabras que dijimos nos arrepintamos y las cambiemos por declaraciones de bendición porque sino, más adelante viene todo eso contra nosotros y contra nuestra vida.

Tú debes verte como José en la Biblia el hijo de Jacob, en medio de toda la adversidad que pasó, Dios siempre lo promovía, él siempre salía adelante a pesar de la adversidad.

A José lo vendieron sus hermanos, Potifar un alto oficial de faraón lo compró como esclavo y con el tiempo lo colocó a dirigir su casa porque él veía la bendición que Dios había depositado en sus manos, y todas las cosas que José hacía eran prosperadas, todo lo que sus manos hacían prosperaban. José fue tentado con la esposa del faraón y no cayó porque sabía que no le podía hacer eso a él ni a Dios. Esta mujer le tendió una trampa, él quiso huir de esa tentación dejándole su manto, salir corriendo y ella usó ese mismo manto para traer pruebas falsas acusatorias en contra José diciendo que trató de aprovecharse de ella. Pero cuando tú eres fiel a Dios, Él es justo y Dios ya estaba preparando el plan que tenía para su siervo en ese momento.

No importa la adversidad, no importa lo negativo que te pase, tú estás en las manos de Dios y todo lo que pase negativo lo torna para bien, porque *"…Ninguna arma forjada contra ti prosperará."*

Potifar luego envía a José a la cárcel, pero la pena que le correspondía a una persona que hiciera eso era la pena de muerte y solo lo llevaron preso. En esa prisión había favor de Dios en José, todo lo que él hacía prosperaba: ahorró dinero, hizo estrategias nuevas para administrar lo que tenía a su alrededor, estrategias para los gastos de los presos; fue impresionante todo lo que hizo José.

José era un administrador, un líder y esas cualidades rápidamente se notaron en la cárcel. Después con todo esto Dios lo sacó de ahí, lo promovió para ser el segundo hombre más poderoso de la tierra.

Cuando estás en medio de la adversidad y tú no culpas a Dios ni lo estás cuestionando, es porque sabes que Dios te tiene guardado/a bajo su sombra y porque habitas al abrigo del Altísimo *(Salmos 91:1)*, que nada contra ti puede prosperar, ni siquiera palabras de maldición, hechicería, trabajo de brujería que hagan contra ti o contra tu ministerio, contra tu familia, ¡Nada! Pero tú tienes que declararlo todos los días: "Señor yo cancelo toda lengua que se levante contra mí, yo cancelo toda palabra maldiciente sobre mi familia, yo cancelo Señor toda palabra todo trabajo de hechicería enviado a mi vida, a mi negocio, a mis hijos, a mi iglesia, ¡cancelo todo eso!" Tú tienes que declararlo, tienes que romper con todo eso al igual que las palabras que estás hablando en contra de personas porque si no, eso va creando raíces de amargura en tu corazón y quien más es afectado/a eres tú.

CAPÍTULO 7
EL PERDÓN

"Si ustedes perdonan a otros el mal que les han hecho, Dios, su Padre que está en el cielo, los perdonará a ustedes. Pero si ustedes no perdonan a los demás, tampoco su Padre los perdonará a ustedes." (Mateo 6:14-15 TLA)

Hoy en día uno de los mayores problemas de las personas es la falta de perdón. Esto trae como consecuencia que quienes están heridos, a su vez, hieran a otros. La falta de perdón es una de las puertas más grandes que se puede abrir a la depresión y a otros problemas espirituales, físicos, económicos, emocionales, entre otros que destruyen nuestra vida.

Perdonar es liberar o dejar ir la ofensa que una persona nos ha hecho, es renunciar a todo tipo de venganza así sea que tengamos toda la razón para hacerlo. Es soltar a quien nos hizo daño, es cancelar la deuda pendiente que alguien tiene con nosotros y entregársela a Dios, es tomar la iniciativa de perdonar como estilo de vida y nunca basado en emociones. Perdonar es una decisión, no un sentimiento. No perdonamos cuando sentimos que queremos hacerlo o hasta que nos pidan perdón, esto se hace inmediatamente y como un acto voluntario cuando suceden las cosas:.

"Si se enojan, no cometan el pecado de dejar que el enojo les dure todo el día. Porque el enojo le dará lugar al diablo"
(Efesios 4:26-27 NBV)

El perdón no es esforzarte por olvidar lo que pasó, no es negar la ofensa recibida, no es pretender que el tiempo borre lo ocurrido, tampoco es ignorar lo que pasó ni tratar de olvidarlo o simplemente disculpar al ofensor. Perdonar no es decir: "Te perdono" sin haberlo hecho de todo corazón realmente. Esto es lo que el mundo te dice que debes hacer, pero así solo acumulas más y más raíces de amargura.

Como veíamos en el versículo anterior la falta de perdón es una carnada que el enemigo usa para que le abramos las puertas a la depresión, esto trae amarguras y frustraciones contra los demás, ata tu vida y tu corazón trayendo dolor y desánimo.

"¡Ay del mundo por los tropiezos! Porque es necesario que vengan tropiezos, pero ¡¡ay de aquel hombre por quien viene el tropiezo!!" (Mateo 18:7 RVR60)

En el griego la palabra tropiezo se escribe como *Skandalon* que también traduce ofensa. La ofensa es una trampa que usa el enemigo para atacarnos. En otras palabras, cada vez que alguien le hiere, le está tendiendo una trampa o una carnada del enemigo para que se amargue, se decepcione, se desilusione y pierda su bendición. Nosotros debemos aprender a cubrir las ofensas y esto se logra por medio del amor, el amor cubre multitud de pecados *(1 Pedro 4:8)*. Recuerde que, cuando se siente ofendido el problema no es necesariamente la otra persona, sino usted mismo. ¿Cuál es la raíz de que usted se ofenda? La inseguridad y la inmadurez; esto causa que las personas se ofendan fácilmente y todo lo tomen de forma personal o como una verdad absoluta en su vida.

Cuando no perdonamos, nos es tomado como desobediencia a Dios y así satanás toma ventaja y autoridad en nuestra vida usando esta oportunidad para acusarnos delante de Dios. También dice la palabra que nuestras oraciones son estorbadas:

> *"Pero cuando oren, perdonen a los que les hayan hecho algo, para que el Padre que está en el cielo les perdone a ustedes sus pecados. Pero si no perdonan, nuestro Padre que está en los cielos no les perdonará sus pecados."*
> *(Marcos 11:25-26 NBV)*

Quién nos habla en estos versículos es Jesús mismo queriendo liberarnos de las asechanzas del enemigo y evitarnos muchos problemas. Jesús nos exhorta a arreglar primero nuestras cuentas pendientes con las personas que nos han ofendido antes de orar, para que el mismo Dios nos perdone nuestras deudas, recordemos también que muchas veces hemos ofendido a los demás y desobedecido a Dios, y para que Él nos perdone debemos perdonar primero a nuestros ofensores. Jesús también nos lo enseñó en el Padre nuestro:

"Perdona el mal que hacemos, así como nosotros perdonamos a los que nos hacen mal." (Mateo 6:12 TLA)

También para llevar cualquier ofrenda ante el Señor debemos estar libres de ofensas, y al decir ofrendas no solo me refiero a las económicas, sino también ofrendas de alabanza y adoración, ofrendas de justicia, ofrendas de gratitud, ofrendas de paz, ofrendas de misericordia y servicio a nuestro prójimo, etc.

"Por eso, si llevas al altar del templo una ofrenda para Dios, y allí te acuerdas de que alguien está enojado contigo, deja la ofrenda delante del altar, ve de inmediato a reconciliarte con esa persona, y después de eso regresa a presentar tu ofrenda a Dios." (Mateo 5:23-24 TLA)

El Templo no solo es el lugar físico o el edifico donde nos reunimos a compartir la palabra de Dios, sino que somos también tú y yo como personas; el altar es nuestro corazón donde encontramos al Señor en intimidad, y al entrar a esa presencia con el Espíritu Santo (ofrenda) debemos estar limpios de toda falta de perdón, entonces el enemigo no vendrá a acusarnos delante de Dios para torturarnos.

La falta de perdón es uno de los mayores atrayentes para los demonios como la depresión. Cada vez que el enemigo le recuerda a usted lo que la persona ofensora le hizo, lo hará para torturar su mente y por consiguiente toda su vida. Así que no se deje torturar más, ahora que usted conoce el plan de satanás, sencillamente no lo acepte, use su autoridad en Cristo Jesús.

La Fe y el Amor es anulado cuando no perdonamos, por eso hoy mismo toma la decisión de hacerlo con TODAS las personas que debe soltar con estos pasos:

1. Toma la decisión de perdonar con todo tu corazón.
2. Haz una lista de los nombres de las personas que te han ofendido y escriba las razones que le hirieron de parte de cada uno.
3. Arrepientete realmente delante de Dios por guardar esa falta de perdón en tu corazón.
4. Expresa tu perdón en forma verbal.

"Si confesamos nuestros pecados a Dios, Él es fiel y justo para perdonar nuestros pecados, y limpiarnos de toda maldad." (1 Juan 1:9 RVR60)

5. Renuncia a todo espíritu de resentimiento, amargura, odio y falta de perdón.

¡Tú puedes y debes perdonar! Hazlo repitiendo en voz audible y con todo tu corazón.

Esta oración lo puede alentar
para su proceso de perdón:

"Señor yo perdono a (nombres de las personas), los perdono por: (nombre los motivos detalladamente de todas las heridas y el dolor que le causaron y cómo le hicieron sentirse)."

Después de haber perdonado a cada persona por cada recuerdo doloroso, por cada herida, entonces termine con esto:

"Señor Yo te entrego a todas estas personas y el derecho a buscar venganza contra ellos. Opto por no aferrarme a la amargura ni al enojo. Renuncio a la depresión que vino por causa de la falta de perdón, toda carga, desánimo, frustración por las heridas que me causaron. Te pido Espíritu Santo, que sanes mis emociones dañadas. Te presento Padre estas situaciones en el nombre de Jesús. ¡AMÉN!"

ALGUNAS PREGUNTAS QUE NOS HACEMOS ACERCA DEL PERDÓN

1. ¿Cómo saber si hemos perdonado?

Cuando al recordar lo que nos hicieron, ya no nos duele más. Recordamos, pero ya no hay dolor en nosotros

2. ¿Qué hacemos con aquellos que no aceptan nuestro perdón?

Es importante también entender que debemos pedir perdón a quien hemos ofendido. Una vez hecho esto, de ahí en adelante si la persona no quiere perdonar, ya es cuestión de esa persona y Dios. Lo que si podemos hacer es orar.

3. ¿Qué hacemos con aquellos que nos ofenden constantemente?

Perdonarlos todas las veces que sea necesario, Jesús dijo: *"setenta veces siete" (Mateo 18:21-22)* Luego debemos tratar de apartarnos de ellos para evitar ser heridos otra vez. Con el tiempo ellos verán la luz en ti y cada vez serás más inmune a sus ofensas.

Recordemos que el perdón es un estilo de vida. El hecho de haber perdonado a alguien no significa que ahora deben ser amigos, confiar de nuevo en esa persona o mantenerlo/a a tu lado. Es recomendable que si hay personas que le hieren muy a menudo, usted trate de mantener una distancia, si es posible debe separarse de esa persona, pero hágalo con amor, sin ofenderlos ni herirlos. Aquellos que más amamos y nos relacionamos más de cerca son los que más nos hieren. Nunca olvides que en esta vida terrenal siempre seremos heridos y vamos a herir a otros con o sin intención, pero tenemos que aprender a vivir en perdón, a olvidar para madurar en las cosas del Señor y avanzar en su propósito para nosotros. Debemos aprender a refrenar nuestra lengua para no ser de tropiezo para los demás.

Este proceso del perdón muchas veces no es inmediato con todas las personas, requiere de constancia, tiempo y mucha confianza en Dios, recuerde continuamente los pasos a seguir para perdonar, deje que se hagan parte de su vida y será una persona victoriosa en el nombre de Jesús.

El tema del perdón es sumamente importante para tu vida cotidiana y sanidad interior, esto es una pequeña parte sobre la sanidad de las ofensas y cómo influyen para la depresión. Ora a Dios y pregúntale qué debes comprender sobre la importancia de estar limpios de la falta de perdón.

ORACIÓN DE RENUNCIA

Padre en el nombre de Jesús vengo declarando que tú eres el Señor de mi vida, mi roca fuerte, mi pronto auxilio. Confieso Tu Palabra:

"Pero clamaron al Señor en su angustia, Y los libró de sus aflicciones." (Salmos 107:19 RVR1960)

Clamo a ti en medio de toda angustia, zozobra, desasosiego, tristeza, soledad, insomnio, depresión y aflicción, creo con todo mi corazón que tú me sanas y me liberas.

Hoy decido, perdonar, hoy decido soltar todo aquello que me ha atado a la falta de perdón, a la depresión, a la tristeza y a la soledad.

Te pido perdón, por mis pecados ocultos, aun lo que para ti Señor es pecado y lo hago sin saber, te pido perdón. Me arrepiento y renuncio a toda maldición generacional de falta de perdón en mi vida, renuncio a toda maldición de depresión, soledad y tristeza en mi vida y declaro la vida de Jesús en mí, declaro el poder de su sangre lavándome y limpiándome, declaro el poder y la unción del Espíritu Santo trayendo libertad a mi vida, en el nombre Poderos de Jesús.

Creo y confieso que moriste en la cruz por mí, que resucitaste y que estás vivo y que el poder de la resurrección está sobre mi vida, trayendo libertad, sanidad y liberación.

Te pido Señor que me des la fuerzas, la fortaleza, sabiduría de caminar en tus caminos, de cumplir tu palabra todos los días de mi vida, en el nombre de Jesús, ¡Gracias Señor, Amén!

GLOSARIO

Depresión: Situación anímica de cansancio, tristeza, decepción y debilitación de las energías morales y psíquicas de la persona. Afecta a las estructuras psicosomáticas a incluso a las dimensiones espirituales. Ver Salmo 38:6

Desánimo: Es un sentimiento que nos paraliza por completo. Es la pérdida de todas nuestras facultades emocionales, espirituales y físicas. La mente sufre un bloqueo que impide que actuemos según los principios que Dios ha establecido para tu vida. **Ver Mateo 26:38**

TLA: Es una de las versiones de traducción Bíblica al español que significa Traducción al Lenguaje Actual.

RVR60: Es una de las versiones de traducción Bíblica al español que significa Reina Valera Real de 1960. Esta es muy utilizada por su traducción directa del original hebreo, arameo y griego de los escritos principales.

PDT: Es una de las versiones de traducción Bíblica al español que significa Palabra de Dios para Todos.

NBV: Es una de las versiones de traducción Bíblica al español que significa Nueva Biblia Viva de fácil interacción a las personas.

Alma: (Nephesch). Aliento de vida, la vida misma, el primer aliento que un ser realiza o criatura que respira. Bíblicamente se entiende como ser viviente, el ser que habita en la vida. Al mismo tiempo, el alma es la suma de cualidades de una persona y la parte del ser humano donde encontramos la mente, emisiones, pensamientos. **Ver Génesis 2:7**

Espíritu: El espíritu humano es el órgano interno mediante el cual el hombre puede tener contacto con Dios, recibirlo, contenerlo y asimilarlo en todo su ser como su vida y su todo. Allí recibimos el perdón de los pecados y reside nuestra mente y voluntad. Solo por medio del espíritu nos conectamos con Dios. **Ver Romanos 8:16**

Armas espirituales: Tácticas y armas espirituales para luchar contra la malicia del adversario. No estamos indefensos, son los recursos que Dios nos ha entregado para obtener victoria sobre ataques espirituales. **Ver 2 Corintios 10:3-5**

Unción del Espíritu Santo: El ungüento con el cual Dios ha ungido a todo creyente, es el Espíritu Santo, un hecho real en todo creyente. La presencia gloriosa del Espíritu Santo en nuestras vidas para aprender su palabra y descubrir las obras sobrenaturales que en su nombre podemos lograr. **Ver Hechos 10:38**

Arrepentimiento: La idea de un cambio de mente, un cambio de actitud, un cambio de rumbo y estilo de vida: si se iba por un camino malo, ahora se va por el "buen camino" y ya no se regresa al antiguo. **Ver Mateo 4:17**

Apatía: Falta de fuerzas, al desgano, a la indiferencia y la propia desidia, falta de emoción, de motivación o de entusiasmo por los acontecimientos o personas de su ámbito cotidiano. **Ver Hebreos 12:3**

Maldición: Es una imprecación o un deseo que se expresa para mal. Es una declaración en la que una persona invoca a un poder sobrenatural para que produzca daño sobre lo que se maldice (persona o cosa). Es lo opuesto a bendición. **Ver Efesios 4:29**

Desasosiego: Ausencia de paz, calma, reposo, serenidad. La acción consiste en hacer que alguien o algo pierdan la tranquilidad. **Ver Salmo 42:5**

Raíz de amargura: Angustia crónica del alma que lleva a una persona a sentirse triste, rencorosa, con iras, desanimada y en constante desesperación; es sufrir decepción y creer que no existe esperanza. Es un cinismo rencoroso que se traduce en una intensa discordia o aversión hacia los demás. **Ver Hebreos 12:15**

Tristeza espiritual: Este sentimiento es el resultado directo o indirecto del pecado, y, puesto que vivimos en un mundo caído, el pecado es una parte normal de la vida. Viene también de la mano de un arrepentimiento genuino al alma. **Ver Salmos 51:4**

Ataduras: Es un elemento espiritual que impide el movimiento y el avance, aislando y destruyendo la libertad de una persona o una nación. Todo aquello que amarra a un punto fijo es una atadura. Lo que amarra una cosa o varias entre sí, especialmente por cuerdas o sogas anudadas (espiritualmente hablando). **Ver Romanos 7:19-20**

Declaración: Anunciar, decir, hablar, predicar, profetizar, publicar. Imputar derechos legales, la Biblia es nuestra ley la cual se establece al hablarlas con palabras audibles. **Ver Proverbios 18:21**

Discernimiento: Juicio por cuyo medio percibimos y

declaramos la diferencia que existe entre varias cosas. Es la capacidad de realizar un juicio moral para diferenciar la verdad, el bien y el mal a través de la Sagrada Escritura. **Ver Oseas 14:9**

Potestades: Son entidades angélicas que forman parte, junto a las Dominaciones y las Virtudes, de la segunda jerarquía angélica. Las potestades permanecen en nuestro plano finito de realidad, y se encargan de mantener el equilibrio cósmico, las leyes físicas. **Ver Efesios 6:11**

Fe: Confianza y convencimiento absoluto de obtener algo que aún no sucede. Se manifiesta por encima de la necesidad de poseer evidencias que demuestren la verdad. También puede definirse como la creencia que no está sustentada en pruebas. **Ver Hebreos 11:1**

Esperanza: Estado de ánimo optimista en el cual aquello que deseamos o aspiramos nos parece posible. Confianza en lograr algo bueno, o que suceda lo deseado. Don de Dios. **Ver Hebreos 10:23**

Misericordia: Disposición a compadecerse de los sufrimientos y miserias ajenas. Se manifiesta en amabilidad, asistencia al necesitado, especialmente en el perdón y la reconciliación. Es más que un sentimiento de simpatía, es una práctica. **Ver Efesios 2:4-5**

Yugos de opresión: Se utiliza para tratar temas de opresión, esclavitud, dominio, carga, atadura, compromisos y obligaciones. Las formas de un sometimiento déspota en diversos casos de la sociedad humana. **Ver Levítico 26:13**

Falta de perdón: La falta de perdón es como beber un veneno mortal y pensar que la otra persona es quien va a morir cuando es el ofendido quien sufre las consecuencias. Es aferrarte a un mal pensando que el ofensor va a tener alguna inferencia. **Ver Mateo 18:21-35**

BIBLIOGRAFÍA

Bible Gateway. (2021). Obtenido de https://www.biblegateway.com

Bibles for America. (2021). Obtenido de https://blog-es.biblesforamerica.org

Bibliatodo. (2021). Obtenido de https://www.bibliatodo.com

Central de sermones. (2021). Obtenido de https://www.centraldesermones.com/estudios-biblicos/1445-como-atacar-el-desanimo

Diccionario Enciclopédico de Biblia y Teología. (2021). Obtenido de https://www.biblia.work

Enlace. (2021). Obtenido de https://www.enlace.org

Got Questions. (2021). Obtenido de https://www.gotquestions.org/Espanol/

Knowing Jesus. (2021). Obtenido de https://bible.knowing-jesus.com/

La biblioteca del maestro. (2021). Obtenido de https://www.biblia.work

Llamada de media noche. (2021). Obtenido de https://llamadademedianoche.org

Oford Lenguajes. (2021). Obtenido de https://languages.oup.com/google-dictionary-es/

Página web Biblia. (2021). Obtenido de https://www.bible.com

Significado Biblico. (2021). Obtenido de https://www.significadobiblico.com

Significados. (2021). Obtenido de https://www.significados.com

Steemit. (2021). Obtenido de https://steemit.com

NOTAS

NOTAS

NOTAS

NOTAS

NOTAS

NOTAS